Anonymous

Königlich Bayrisches Kreis- Amtsblatt von Mittelfranken

Verhandlungen des Landraths von Mittelfranken für das Jahr 1866/67

Anonymous

Königlich Bayrisches Kreis- Amtsblatt von Mittelfranken
Verhandlungen des Landraths von Mittelfranken für das Jahr 1866/67

ISBN/EAN: 9783743360570

Hergestellt in Europa, USA, Kanada, Australien, Japan

Cover: Foto ©Suzi / pixelio.de

Manufactured and distributed by brebook publishing software
(www.brebook.com)

Anonymous

Königlich Bayrisches Kreis- Amtsblatt von Mittelfranken

Königlich Bayerisches Kreis-Amtsblatt von Mittelfranken.

Ansbach, **Nro. 51.** den 15. Juni 1866.

Inhalt:
Verhandlungen des Landraths von Mittelfranken für das Jahr 1866/67.

Protokoll
über die
Eröffnung des Landraths von Mittelfranken
für das Jahr 1866/67.

Abgehalten Ansbach, den 2. Juni 1866.

In Gegenwart:

des kgl. Regierungs-Präsidenten Freiherrn von Pechmann,

des kgl. Regierungs-Sekretärs Sertorius, als Protokollführer,
und

der am Schlusse des Protokolls unterzeichneten Landrathsmitglieder.

Nachdem Seine Majestät der König vermöge allerhöchster Entschließung vom 17. April l. Js. die Eröffnung der Landrathsversammlung für das Jahr 1866/67 auf den heutigen Tag festzusetzen geruhten und von den durch die kgl. Regierung von Mittelfranken einberufenen Mitgliedern des Landraths sich die am Schlusse des Protokolls Unterzeichneten im Sitzungssaale des Landraths versammelt hatten, begab sich der nebenbezeichnete kgl. Regierungs-Präsident dahin, verkündete wiederholt die allerhöchste Entschließung vom 17. April b. Js. und richtete eine Ansprache an die Versammlung.

Hiernächst leistete der Landrath Johann Georg Wirth, Bierbrauer von Burgbernheim, kgl. Bezirksamts Uffenheim, als Ersatzmann des inzwischen mit Tod abgegangenen Landraths Oekonomen und Gemeindevorsteher Andreas Rieneder von Wallmersbach, den im §. 21 des Gesetzes, die Landräthe betreffend, vorgeschriebenen Eid:

„Ich schwöre Treue dem Könige, Gehorsam
„dem Gesetze, Beobachtung der Staatsverfas-
„sung und gewissenhafte Erfüllung der dem
„Landrathe obliegenden Pflichten, so wahr mir
„Gott helfe und sein heiliges Evangelium."

Worauf der kgl. Regierungs-Präsident die Versammlung für eröffnet erklärte und dem an Jahren ältesten Landrathsmitgliede Privatier und Magistratsrathe Achatius Belzner von hier die kgl. Propositionen mit einer Anzahl besonderer Mittheilungen der Kreisregierung, dann die Kreisfonds-Rechnungen, die Etats, die Akten über die Wahl und Einberufung der Landrathsmitglieder mit gesondertem Schreiben, dann das Landrathssiegel übergab.

Schließlich brachte der vorgenannte Alterspräsident Landrath Achatius Belzner Seiner Majestät dem Könige ein dreifaches Hoch, in welches alle Anwesenden lebhaft einstimmten, worauf das Protokoll geschlossen und auf Vorlesen unterzeichnet wurde.

Beißer, Georg.	Fleischmann.
Danzer.	Kern.
Goßwein.	Laurer.
Goppelt.	Conr. Meyer.
Graf Guiot du Ponteil.	Puscher.
	Weiß.
Krämer.	Schwarz.
Längenfelder.	Wolff.
Leberer.	Dr. H. Bech.
Merkenschlager.	Frhr. v. Crailsheim.
Meyer.	Donaubauer.
Meyer.	Ott.
Wirth.	Bauer.
Späth.	Käppel.
L. Ulherr.	Dr. v. Scheurl.
Vorlaufer.	Stodinger.
A. Belzner.	Kelber.

G. w. o.

(L. S.)

Freiherr von Pechmann.

Sertorius.

Verzeichniß
der
Mitglieder des Landraths des Mittelfranken
bei seiner Versammlung im Jahre 1866.

I. Vertreter der Distrikts-Gemeinden.

1) Beißer, Georg, Oekonom und Gemeindevorsteher von Kattenhochstadt,
2) Danzer, Johann, Schmiedmeister und Gemeindevorsteher von Mönchsroth,
3) Goßwein, Georg, Bierbrauer und Oekonom von Berching,
4) Goppelt, Christian, Oekonom von Dittenheim,
5) Guiot du Ponteil, Alexander, Graf und Rittergutsbesitzer von Thürnhofen,
6) Krämer, Johann Georg, Oekonom von Dietersheim,
7) Längenfelder, Johann, königl. würtemb. Hofrath und gräflich Pückler'scher Gutsadministrator von Burgfarrnbach,
8) Leberer, Johann Georg, Bierbrauer und Gutsbesitzer von Bonnhof,
9) Merkenschlager, Michael, Oekonom von Pensendorf,
10) Meyer, Friedrich, Ziegeleibesitzer und Gemeindevorsteher von Leutershausen,
11) Meyer, Johann Jobst, Oekonom und Gemeindevorsteher von Deutenheim,
12) Späth, Georg, Oekonom und Bürgermeister von Altdorf,
13) Ulherr, Leonhard, Hopfenhändler und Oekonom von Altfittenbach,
14) Vorlaufer, Johann Georg, Oekonomiebesitzer von Gattenhofen,
15) Wirth, Johann Georg, Bierbrauer in Burgbernheim,
16) Wittmann, Joseph, Maierbauer von Walting,

II. Vertreter der unmittelbaren Städte.

17) Beltzner, Achatius, Privatier und Magistratsrath von Ansbach,
18) Fleischmann, August, rechtskundiger Bürgermeister von Weißenburg,
19) Kelber, Johann Jakob Karl, II. Bürgermeister von Erlangen,
20) Kern, August, Kaufmann und Magistratsrath von Dinkelsbühl,
21) Laurer, Ludwig, Privatier und Magistratsrath von Eichstätt,
22) Meyer, Konrad, Kaufmann und Gemeindebevollmächtigter von Fürth,
23) Pulcher, Wilhelm, Kaufmann und Magistratsrath von Nürnberg,
24) Schwarz, Andreas Karl, Kaufmann und Vorstand der Gemeindebevollmächtigten von Schwabach,
25) Weiß, Adolph, Kaufmann und Magistratsrath von Nürnberg,
26) Wolff, Leonhard, Buchbindermeister und Magistratsrath von Rothenburg.

III. Vertreter des großen Grundbesitzes.

27) Bech, Dr. Hermann, Gutsbesitzer von Nürnberg,
28) von Crailsheim, Fedor, Freiherr, k. Kämmerer und Regierungsrath zu Ansbach,
29) Donaubauer, Stanislaus, Maierbauer von Burgheim,
30) Ott, Johann Georg, Bierbrauer und Oekonom von Suernhofen;

IV. Vertreter der wirklichen selbstständigen Pfarrer.

a) Katholische Geistlichkeit:

31) Stockinger, Johann Baptist, Domkapitular, bischöflicher geistlicher Rath, Kreisscholarch und Domstadtpfarrer von Eichstätt.

b) Protestantische Geistlichkeit:

32) Bauer, Johann Friedrich Christian, Dekan und Stadtpfarrer von Neustadt a/A.,
33) Käppel, Adolph Christ., Dekan und Pfarrer von Insingen.

V. Vertreter der Universität.

34) von Scheurl, Dr. Adolph, ordentlicher Professor der Rechte an der königlichen Universität zu Erlangen.

Erstes Protokoll.

Aufgenommen im kgl. Schlosse zu Ansbach am 2. Juni 1866.

Anwesend: 33 Mitglieder.

Abwesend:

Wittmann, Jos., Oekonom von Walting.

Seine Majestät, unser allergnädigster König und Herr, haben durch allerhöchste Entschließung vom 17. April l. J. die Eröffnung der diesjährigen Landrathsversammlungen des Königreiches auf den heutigen Tag festzusetzen geruht. In Folge dessen fanden sich am genannten Tage Vormittags 10 Uhr 33 Landrathsmitglieder im Saale des kgl. Schlosses ein. Von einer Deputation abgeholt, erschien zuerst der kgl. Regierungspräsident Freiherr von Pechmann in der Versammlung, hielt eine kurze Anrede, nahm die Vereidigung des an die Stelle des verstorbenen Landrathes Andreas Rienecker eingetretenen neuen Mitgliedes, Johann Georg Wirth, Bierbräuers in Burgbernheim vor, übergab sodann das Propositions-Schreiben der kgl. Regierung von Mittelfranken an den Landrath — sammt der Kreisfondsrechnung und den Belegebänden — sowie das Landrathssiegel an den Alters-Präsidenten, Achatius Beltzner, und erklärte die Versammlung im Namen Seiner Königlichen Majestät für eröffnet.

1*

Der Alterspräsident begrüßte die Versammlung in herzlicher Weise — auf den Ernst der gegenwärtigen Zeitverhältnisse hinweisend und forderte zur Constituirung der Versammlung, zur Wahl eines Präsidenten und Sekretärs auf. Als Wahlmodus wurde die Acclamation angenommen und mittelst derselben wurde

Bürgermeister Kelber von Erlangen
   zum Präsidenten,
Domcapitular Stockinger von Eichstädt
   zum Sekretär
gewählt.

Nachdem Beide für das ihnen wiederholt geschenkte Vertrauen in kurzen Worten gedankt und die Annahme der auf sie gefallenen Wahl erklärt hatten, gedachte Präsident Kelber des seit dem Vorjahre verstorbenen Landrathes Rienecker und fügte den Wunsch bei, es möge Gottes Friede demselben zu Theil werden und sein Andenken in der Versammlung im Segen sein!

Sofort begrüßte der Präsident den neueingetretenen Landrath Wirth, ihn kollegialen Entgegenkommens versichernd und Collegialität von ihm erwartend.

Hierauf ging man an die Bildung der im Landrathsgesetze zulässig erklärten Ausschüsse — und es wurden in dieselben gewählt:

I. für den Legitimations-Prüfungs-Ausschuß:
 v. Scheurl, Dr., ordentlicher Professor der Rechte an der kgl. Universität Erlangen,
 Freiherr v. Crailsheim, kgl. Kämmerer und Regierungs-Rath zu Ansbach,
 Fleischmann, August, rechtskundiger Bürgermeister von Weißenburg.

II. Ausschuß für Prüfung der Rechnungen:
 Meyer, Konrad, Kaufmann von Fürth,
 Puscher, Wilhelm, Privatier von Nürnberg,
 Längenfelder, Johann, kgl. württembergischer Hofrath und gräflich Pückler'scher Gutsadministrator in Burgfarrnbach,

 Schwarz, Kaufmann und Vorstand der Gemeindebevollmächtigten von Schwabach,
 Guiot du Ponteil, Alexander, Graf und Rittergutsbesitzer in Thürnhofen.

III. Ausschuß für Prüfung der Voranschläge:
 Puscher, Privatier von Nürnberg,
 Freiherr von Crailsheim, kgl. Kämmerer und Regierungs-Rath von Ansbach,
 Meyer, Kaufmann von Fürth,
 Soppelt, Christ., Oekonom von Diltenheim,
 Späth, Georg, Bürgermeister von Altdorf.

IV. Ausschuß für Schulangelegenheiten:
 Bauer, Johann Friedrich Christian, Dekan und Stadtpfarrer in Neustadt a/A.,
 Käppel, Adolph Bernhard, Dekan und Pfarrer in Insingen,
 Stockinger, Domcapitular und Domstadtpfarrer in Eichstätt,
 Bedh, Dr. Hermann, Gutsbesitzer von Nürnberg,
 Guiot du Ponteil, Alexander, Graf, Rittergutsbesitzer von Thürnhofen.
 Beißer, Georg, Oekonom von Kattenhochstadt.

V. Ausschuß für Cultur und Industrie:
 Freiherr von Crailsheim, kgl. Kämmerer und Regierungs-Rath von Ansbach,
 Meyer, Kaufmann in Fürth,
 Belzner, Privatier von Ansbach,
 Wittmann, Joseph, Maierbauer von Balting,
 Schwarz, Kaufmann von Schwabach,
 Donaubauer, Stanisl., Oekonom von Burheim,
 Guiot du Ponteil, Graf und Rittergutsbesitzer in Thürnhofen,
 Göswein, Georg, Bierbrauer und Oekonom von Berching.
 Uherr, Leonhard, Hopfenhändler und Oekonom von Altensittenbach.

VI. Ausschuß für Straßenbau:

Längenfelder, kgl. württemb. Hofrath und gräflich Pückler'scher Güterabministrator von Burgfarrnbach,

Danzer, Johann, Schmiedmeister und Gemeindevorsteher von Mönchsroth,

Goppelt, Christian, Oeconom von Dittenheim,

Vorlaufer, Johann Georg, Oeconomiebesitzer von Gattenhofen,

Wolff, Leonhard, Buchbindermeister und Magistratsrath von Rothenburg,

Ott, Johann Georg, Bierbrauer und Oekonom von Zuernhofen,

Beißer, Georg, Oekonom und Gemeindevorsteher von Rattenhochstadt.

Unmittelbar darauf wurden die Einläufe eröffnet und es fanden sich als solche vor:

1) Das Propositionsschreiben der kgl. Regierung von Mittelfranken vom 2. Juni 1866

wird dem III. Ausschusse ad referendum überwiesen.

Jedes einzelne Landrathsmitglied erhält ein Exemplar dieses Schreibens.

2) Ein Anschreiben derselben kgl. Regierung, vom 2. Juni praes. eodem:

„die Versammlung der Landräthe pro 1866|67 betr."

geht zum I. Ausschusse.

3) Eine Zuschrift derselben kgl. Regierung vom 2. Juni praes. eodem

„den St. Johannis-Verein betr."

geht zum III. Ausschusse und wird dann der beigelegte Jahresbericht im Sekretariate aufgelegt.

4) Ein Schreiben der k. Regierung von Mittelfranken vom 2. Juni praes. eodem

„den Kreis-Unterstützungsverein für dienstuntaugliche, mittelfränkische Schullehrer, hier die Vereinsrechnung pro 1864|65 betr."

wird dem IV. Ausschusse überwiesen.

5) Eine Zuschrift des Präsidiums der k. Regierung von Mittelfranken vom 2. Juni lfd. Js. praes. eodem

„die Ergänzung der Geschwornen-Listen pro 1866 betr."

wird dem Spezialreferenten, Universitätsprofessor Dr. von Scheurl übergeben.

6) Das Gleiche geschieht mit einer Zuschrift des nämlichen Regierungspräsidiums von eben demselben Datum und praes. eodem

„die Ergänzung der für den Staatsgerichtshof ausgewählten Geschwornen betr."

7) Weiter folgt eine Zuschrift der k. Regierung von Mittelfranken vom 2. Juni a. c. und praes. am 2. ejusdem

„die Erwerbung von Grundeigenthum für die Kreis-Irrenanstalt zu Erlangen betr."

geht an den III. Ausschuß.

8) dann ein Anschreiben der nämlichen k. Regierung vom 2. Juni a. c.

„die Erweiterung der Kreis-Irrenanstalt Erlangen betr."

geht ebenfalls an den III. Ausschuß.

9) Ein Anschreiben derselben Kreisstelle vom 2. Juni und praes. eodem

„die Diakonissen-Anstalt in Neuendettelsau betr."

kommt ad referendum zum III. Ausschuß.

10) Ein ferneres Anschreiben der nämlichen Kreisstelle vom 2. Juni und praes. eodem

"die Vertheilung der im Finanz-Gesetze vom 10. November 1861 für Distriktsstraßen bewilligten 450,000 fl. betr."

wird dem VI. Ausschusse übergeben.

11. Eine Zuschrift der k. Regierung von Mittelfranken vom 2. Juni a. c. und praes. eodem

"die Kreisgewerbe- und Handelskammer von Mittelfranken betr."

werden die beigelegten Exemplare des Jahresberichtes pro 1865 unter die Landrathsmitglieder vertheilt, womit der Gegenstand erledigt ist.

12) Eine Zuschrift der nämlichen kgl. Regierung vom 2. Juni l. Js. praes. eodem

"Erweiterung der Lateinschule in Fürth und die Vereinigung derselben mit der allda bestehenden Lehranstalt für Knaben betr."

geht an den IV. Ausschuß.

13) Eine weitere Zuschrift derselben k. Regierung vom 2. Juni und praes. eodem

"die Errichtung einer höheren Bürgerschule in Eichstätt betr."

wird dem IV. Ausschusse zugewiesen.

14) dann ein Gesuch des Stadtmagistrates Eichstätt vom 18. Mai 1866, praes. am 2. Juni l. Js.

"die Errichtung einer höheren Bürgerschule in Eichstätt betr."

angeeignet von dem Landrathsmitgliede Laurer von Eichstätt, geht gleichfalls zum IV. Ausschusse.

15) Eine Eingabe des Vorstandes des germanischen Museums in Nürnberg vom 22. Mai l. Js.

"die Fortschritte und den dermaligen Stand des genannten Museums betr."

angeeignet vom Landrathsmitgliede Dr. Beck, geht zum IV. Ausschusse und

16) Ein Antrag des Landrathsmitgliedes Frhrn. v. Crailsheim vom 2. Juni a. c.

"die Förderung des landwirthschaftlichen Fortbildungswesens im Regierungsbezirke von Mittelfranken betr."

wird ad referendum dem V. Ausschusse zugewiesen.

III.

Der für die an den Landrath gerichteten Eingaben und Anträge übliche Präklusivtermin wird auf Mittwoch den 6. Juni Abends 6 Uhr festgesetzt.

Damit wird die Sitzung geschlossen und die nächste auf

Montag den 4. Juni, Vormittags 9 Uhr anberaumt.

Geschlossen und unterzeichnet:

J. J. Kolber, Präsident.

Stodinger, Sekr.

Zweites Protokoll.

Aufgenommen im kgl. Schlosse zu Ansbach am 4. Juni 186.

Anwesend: alle 34 Mitglieder.

Anwesend von Seite der k. Regierung:

Regierungsrath v. Morett.

Regierungsrath Meinel.

Um 9 Uhr wurde am heutigen Tage die Landrathssitzung eröffnet, und zuerst das Protokoll der vorausgehenden verlesen. Da Niemand eine Beanstandung gegen dasselbe erhob, wurde es genehmigt und unterzeichnet.

I.

Sofort ging man an die Eröffnung der Einläufe und als solche waren vorhanden:

1) Eine Bitte des Feingoldschlages Jakob Johann Geißler in Nürnberg vom 15. Mai 1866 praes. am 4. Juni a. c.

„Befreiung von der Funktion eines Geschworenen betr."

wird dem Spezialreferenten Dr. von Scheurl überwiesen.

2) Eine Bitte der Gemeindeverwaltung Lauf am Holz, bei Nürnberg, vom 11. Mai und praes. 4. Juni l. Js.

„Unterstützungsbeitrag zum Baue eines neuen Schulhauses betr."

geht ad referendum an den IV. Ausschuß; angeeignet hat sich diese Bitte das Landrathsmitglied Hofrath Längenfelder.

3) Ein Bittgesuch des Anstaltsvorstandes Pfarrer Geiger in Nürnberg vom 23. April und praes. am 4. Juni l. Js.

„die Pflege- und Erziehungsanstalt für arme Mädchen in Nürnberg betr."

angeeignet von dem Landrathe Dr. Bedh, geht ebenfalls an den IV. Ausschuß.

4) Eine Bitte des Stadtmagistrats in Neustadt a/A. vom 22. Mai und praes. 4. Juni l. Js.

Erhöhung des Zuschusses aus dem Kreisschulfonde für die Lateinschule daselbst betr."

angeeignet vom Landrathsmitgliede Dekan Bauer,

wird dem IV. Ausschusse ad referendum zugewiesen.

5) Ein Anschreiben der k. Regierung von Mittelfranken vom 1. Juni und praes. 4. Juni 1866

„Kreisfondsbeitrag zur Vorsorge für entlassene Sträflinge betr."

geht an den III. Ausschuß.

II.

Der Referent des I. Ausschusses, Frhr. v. Crailsheim, erstattet hierauf Vortrag über die Prüfung der Legitimationen der sämmtlichen Mitglieder des Landrathes. Eine Beanstandung derselben hat sich nicht ergeben und kommt nur zu konstatiren, daß an die Stelle des verstorbenen Landrathes Andreas Rienecker von Wallmersbach — dessen Ersatzmann Johann Georg Wirth, Bierbrauer von Burgbernheim, in der Klasse der Vertreter der Distriktsgemeinden in den Landrath eingetreten ist.

III.

Derselbe Landrath, Frhr. v. Crailsheim, referirt weiter im Namen des V. Ausschusses über das Propositionsschreiben

Cap. IV. Industrie und Cultur.

*) Da nach dem Gesetze vom 10. Juli 1865, „die Abkürzung der Finanzperioden betr.," die VIII. Finanzperiode sich bis zum 31. Dezember 1867 erstreckt, und vom 1. Jänner 1868 angefangen — an die Stelle des bisherigen Rechnungsjahres — das bürgerliche Kalenderjahr tritt und vom 1. Jänner 1868 an auch der Kreishaushalt sich nach demselben richtet, so wird darauf in den nachstehend genehmigten Posten Rücksicht genommen; die Genehmigung selber gründet sich auf die im Propositionsschreiben pag. 18—26 enthaltenen Erläuterungen.

Vortrag.

Cap. IV.

Industrie und Cultur.

	a. für den Zeitraum vom 1. Oktober 1866 bis 30. September 1867.	b. für den Zeitraum vom 1. Oktober bis 31. Dezember 1867.	c. Summa für beide Zeiträume.
	fl. kr. pf.	fl. kr. pf.	fl. kr. pf.
§. 1. Kreisgewerbschule in Nürnberg	7458 30 —	2002 22 2	9460 52 2
§. 2. Kreis-Landwirthschaftsschule Lichtenhof			
a) Erigenzzuschuß	6892 30 —	1766 52 2	8659 22 2
b) für Ausführung des Erweiterungs-Baues an dieser Anstalt	9025 — —	— — —	9025 — —
§. 3. Uebrige Gewerbschulen			
a) zu Ansbach	4634 45 —	1216 15 —	5851 — —
b) zu Erlangen	5795 — —	1497 — —	7292 — —
c) zu Fürth	6443 — —	1711 — —	8154 — —
§. 4. Zuschuß zu dem Pensions- und Unterstützungsfond für die Lehrer an den Gewerbe- und Landwirthschaftsschulen und deren Relikten	3203 51 3	793 30 —	3997 21 3
§. 5. Diäten und Reisekosten der Prüfungskommissäre	250 — —	— — —	250 — —
§. 6. Stipendien und Freiplätze			
a) für Zöglinge an technischen Schulen	500 — —	125 — —	625 — —
b) für Zöglinge an der polytechnischen Schule Nürnberg	100 — —	25 — —	125 — —
c) für 8 Freiplätze an der Kreis-Landwirthschaftsschule in Lichtenhof	640 — —	160 — —	800 — —
d) für 12 Freiplätze an der Kreisackerbauschule in Triesdorf	840 — —	210 — —	1050 — —
§. 7. Beitrag zur Kreishilfskasse	1000 — —	250 — —	1250 — —
§. 8. Kostenhälfte der Personal- und Realexigenz der Kreis-Gewerbs- und Handelskammern	750 — —	— — —	750 — —
§. 9. Uebrige Ausgaben auf Industrie und Cultur:			
a) zur Förderung der Viehzucht in Triesdorf	1000 — —	250 — —	1250 — —
b) Gehalt des Kreis-Culturingenieurs	1800 — —	450 — —	2250 — —
c) an den landwirthschaftlichen Verein zur Beförderung der Pferdezucht	500 — —	125 — —	625 — —
Summa des Cap. IV.	50832 36 3	10582 — —	61414 36 3

Daran reiht sich der Vortrag des nämlichen Referenten über den Exigenz-Etat der Kreisackerbauschule in Triesdorf für den Zeitraum vom 1. Oktober 1866 bis 31. Dezember 1867. Derselbe stellt sich heraus auf

      6610 fl. Einnahmen,
      6610 fl. Ausgaben, sonach
      Bilance.

Ingleichen wird vorgetragen über den Etat des von der Kreisackerbauschule in Triesdorf gepachteten Staatsgutes, welcher für obenangegebenen Zeitraum

     die Einnahme von 30665 fl. 17 1/4 kr.,
     die Ausgabe von 26755 fl. 17 1/4 kr.

sonach einen Aktivrest von 3910 fl. — kr. entziffert.

Diesen beiden Etats ertheilt die Landraths-Versammlung ihre Zustimmung.

IV.

Schließlich gibt der Präsident der Versammlung den Abgang der Geschwornen seit dem letzten Jahre, nach den einzelnen Verwaltungsbezirken des Kreises bekannt, und macht darauf aufmerksam, daß nach Vorzeichnung des höchsten Landrathsabschiedes vom 10. Juli 1865 auch eine Erhöhung der Zahl der Geschwornen einzutreten habe, um den Vertretern dieser Bezirke im Landrath den Vorschlag von neuen Geschwornen aus der Kreisliste auf die Hauptliste zu erleichtern.

Damit wird die heutige Sitzung geschlossen und die nächste auf morgen Dienstag den 5. Juni Vormittags 9 Uhr anberaumt.

Geschlossen und unterzeichnet.

      J. J. C. Kelber, Präsident.
              Stockinger, Sekr.

Drittes Protokoll.

Aufgenommen im kgl. Schlosse zu Ansbach am 5. Juni 1866.

Anwesend: 33 Mitglieder
Abwesend:
Johann Georg Wirth, Bierbrauer von Burgbernheim.

Anwesend von Seite der königl. Regierung:
Der k. Regierungsrath v. Morett.
Der k. Regierungsrath Meinel.

Nachdem die heutige Sitzung Vormittags 9 Uhr eröffnet worden war, wurde das Protokoll der vorausgebenden verlesen, und da Niemand aus der Versammlung eine Reklamation zu erheben hatte, wurde dasselbe genehmigt und unterzeichnet.

I.

Die Eröffnung der Einläufe bringt folgende Aktenstücke:

1) Ein Anschreiben der k. Regierung von Mittelfranken vom 2. Juni praes. 4. Juni l. Js.
   „Herausgabe der fränkischen Bisthums-Regesten von den ältesten Zeiten bis zu Anfang des 16. Jahrhunderts betr."
wird dem IV. Ausschusse übergeben.

2) Eine Bitte der Landrathsmitglieder Dekan Käppel und Gemeindevorsteher Vorlaufer vom 4. Juni, und praes. 5 ejusdem
   „Unterstützung aus Kreisfonds zu Verbesserungen an der Distriktsstraße von Reicheltshofen über Endsee nach Steinach betr."
wird dem VI. Ausschuß überwiesen.

3) Eine Vorstellung und Bitte der Verwaltung des Martinsstiftes in Rübenhausen vom 1. u. praes. 4. Juni a. c.
   „Unterstützung aus Kreisfonds betr."

2

angeeignet von dem Landrathsmitgliede Dekan Bauer, wird dem IV. Ausschusse zugewiesen.

II.

Spezial-Referent, Universitätsprofessor Dr. von Scheurl, beginnt hierauf seinen Vortrag über die Ergänzung und im Hinblicke auf den mit Gesetzeskraft bestehenden Landrathsabschied vom 10. Juli 1863 auch Erweiterung der Geschwornenlisten.

Als gestorben, oder wegen Verlust der gesetzlichen Eigenschaften, oder wegen Kränklichkeit auf besonderes Ansuchen, oder wegen Zurücklegung von 60. Lebensjahren aus der Hauptliste zu streichende Geschworne, werden bekannt gegeben.

Ansbach, Stadt:

1) Oberseider, Michael, Gastwirth zu Ansbach, Hauptliste Nr. 18.
2) Adlersberg, Friedrich, Kaufmann zu Ansbach, Hauptliste Nr. 20.
3) Dr. Wünsch, Gustav, prakt. Arzt zu Ansbach, Hauptliste Nr. 17.
4) Stützer, Konrad, Weinhändler zu Ansbach, Hauptliste Nr. 35.

Ansbach, Bezirksamt:

5) Hubinger, Konrad, Müllermeister zu Dehmannsdorf, Hauptliste Nr. 70.

Beilngries, Bezirksamt:

6) Schneebig, Otto, Apotheker zu Beilngries Hauptliste Nr. 73.
7) Gutmann, Michael, Oekonom zu Titting, Hauptliste Nr. 92

Dinkelsbühl, Stadt:

8) Krafft, Karl Philipp, Fabrikant zu Dinkelsbühl, Hauptliste 102.
9) Seidelmann, Wilhelm, Kaufmann zu Dinkelsbühl, Hauptliste Nr. 104.

Dinkelsbühl, Bezirksamt:

10) Falk, Albrecht, Magistratsrath zu Wassertrüdingen, Hauptliste Nr. 127.
11) Schröder, Georg Friedrich, Gemeindevorsteher zu Beyerberg, Hauptliste Nr. 134.

Eichstätt, Bezirksamt:

12) Schneider, Franz Joseph, Wirth und Oekonom, zu Mühlheim, Hauptliste Nr. 166.

Erlangen, Stadt:

13) Ebner, Philipp, Buchbindermeister zu Erlangen, Hauptliste Nr. 169.
14) Eiffländer, Friedrich Wilhelm, Strumpffabrikant zu Erlangen, Hauptliste Nr. 180.

Erlangen, Bezirksamt:

15) Pragheimer, Gottlieb, Spezerei-Händler zu Baiersdorf, Hauptliste Nr. 196.

Feuchtwangen, Bezirksamt:

16) Mai, Wolfgang, Gastwirth zu Unterampfrach, Hauptliste Nr. 206
17) Gutmann, Samuel Nathan, Kaufmann zu Feuchtwangen, Hauptliste Nr. 208.
18) Sand, Andreas, Bäckermeister zu Herrieden, Hauptliste Nr. 209.
19) Leiß, Joseph Karl, Müller und Spezereihändler zu Aurach, Hauptliste Nr. 217.

Fürth, Stadt:

20) Fuchs, Adam, zu Fürth, Hauptliste Nr. 242.

Fürth, Bezirksamt:

21) Drechsler, Johann Georg, Oekonom zu Kreutles, Hauptliste Nr. 271

Gunzenhausen, Bezirksamt:

22) Dr. Loschge, Heinrich Christian Ernst, praktischer Arzt zu Gunzenhausen, Hauptliste Nr. 285.
23) Siebentritt, Johann Andreas, Gemeindevorsteher zu Sausenhausen, Hauptliste Nr. 281.

Heilsbronn, Bezirksamt:

24) Gugel, Georg Michael, Gutsbesitzer zu Göddeldorf, Hauptliste Nr. 308.

Hersbruck, Bezirksamt:

25) Reif, Leonhard, Mühlbesitzer und Oekonom zu Förrenbach, Hauptliste Nr. 322.
26) Raum, Johann Albrecht, Hopfenhändler zu Hersbruck, Hauptliste Nr. 326.

Neustadt a/A., Bezirksamt:

27) Meusel, Johann Jobst, Magistratsrath zu Emskirchen, Hauptliste Nr. 368.
28) Roegner, Johann Michael, Maurermeister und Bürgermeister zu Emskirchen, Hauptliste Nr. 371.

Nürnberg, Stadt:

29) Winter, Franz Karl, Conditor, Hauptliste Nr. 410.
30) Heerdegen, Eugen Ferdinand, Kaufmann, Hauptliste Nr. 425.
31) Dr. Horlacher, Joh. Friedr. Karl, praktischer Arzt, Hauptliste Nr. 475.
32) Solcher, Nikolaus Heinrich Friedrich, Kaufmann, Hauptliste Nr 498.
33) Brunner, Karl, vormal. Lebküchner, Hauptliste Nr. 474.
34) v. Schebel, Karl, Apotheker, Hauptliste Nr. 508.
35) Geißler, Johann Jakob, Feingoldschläger bei St. Johannis, Hauptliste Nr. 405, womit dessen Gesuch vom 15. Mai a. c. erledigt ist.

Nürnberg, Bezirksamt:

36) Bißmeyer, Joh. Mich., Gastwirth zu Schweinau, Hauptliste Nr. 526.
37) Holz, Friedrich Bürgermeister zu Altdorf, Hauptliste Nr. 533.
38) Nerreter, Johann Konrad, Bauer zu Wallersberg, Hauptliste Nr. 536.

Rothenburg a/T. Stadt:

39) Bed, Johann Andreas, Gastwirth, Hauptliste Nr. 555.
40) Klett, Wilhelm, Dr. med., Hauptliste Nr. 559.
41) Hettler, Friedrich August, Privatier, Hauptliste Nr 554.

Rothenburg, a/T., Bezirksamt:

42) Hürner, Johann, Oekonom auf der Hofstettermühle, Hauptliste Nr. 569.

Scheinfeld, Bezirksamt:

43) Geißendörfer, Moritz, Landwirth zu Oberleimbach, Hauptliste Nr. 581.

Schwabach, Bezirksamt:

44) Castner, Sigmund, vormals rechtskundiger Bürgermeister zu Roth, jetzt Polizeiaktuar zu Augsburg, Hauptliste Nr, 630.
45) Quinat, Karl Moritz, Steinbruchbesitzer zu Wendelstein, Hauptliste Nr. 631.
46) Gollnhofer, Johann, Oekonom zu Großweingarten, Hauptliste Nr. 624.
47) Stieber, Heinrich, Bierbrauer zu Roth, Hauptliste Nr. 622.

Uffenheim, Bezirksamt:

48) Korbacher, Johann Michael, Oekonom u. Bürgermeister zu Bergel, Hauptliste Nr. 652.

Weißenburg, Bezirksamt:

49) Huß, Matthias, Bierbrauer zu Treuchtlingen, Hauptliste Nr. 679.
50) Steiner, Melchior, Oekonom zu Kattenhochstadt, Hauptliste, Nr. 673.
51) Knoll, Johann, Kaufmann zu Pappenheim, Hauptliste Nr. 676.

An die Stelle dieser Geschwornen, und zu der auf Grund des Landrathsabschiedes 1865 vorzunehmenden Erhöhung der Zahl der Geschwornen, werden aus der Kreisliste auf die Hauptliste gesetzt:

Ansbach, Stadt:

1) Holz, Georg, Privatier zu Ansbach, Kreisliste Nr. 2

2) Eckardt, Adolph, Gastwirth zu Ansbach, Kreisliste Nr. 6.
3) Rosa II., Johann Georg, Bierbrauer zu Ansbach, Kreisliste Nr. 8.
4) Burkhardt, Dr., Ludwig, prakt. Arzt zu Ansbach, Kreisliste Nr. 9.
5) Weigel, Karl Christoph, Kaufmann zu Ansbach, Kreisliste Nr. 10.
6) Held, Theobald, Chemiker zu Ansbach, Kreisliste Nr. 14.
7) Spatz, Konrad, Bäckermeister zu Ansbach, Kreisliste Nr. 15.
8) Spönnemann, Johann Friedrich, Agent zu Ansbach, Kreisliste Nr. 18.

Ansbach, Bezirksamt:
9) Brodwolf, Michael, Müllermeister zu Esmühle, Kreisliste Nr. 214.
10) Raber, Georg Paul, Gastwirth und Oekonom zu Gräfenbuch, Kreisliste Nr. 215.
11) Dürnhofer, Johann Michael, Seilermeister u. Oekonom zu Leutershausen, Kreisliste Nr. 218.
12) Klenk, Johann Melchior, Oekonom und Gemeindevorsteher zu Illadengreuth, Kreisliste Nr. 220.
13) Kloha, Johann Leonhard, Bauer und Gemeindevorsteher zu Egenhausen, Kreisliste Nr. 226.
14) Ohr, Georg Leonhard, Bauer zu Büchelberg, Kreisliste Nr. 229.

Beilngries, Bezirksamt:
15) Betz, Johann Baptist, Müllermeister zu Altdorf, Kreisliste Nr. 233.
16) Hufnagel, Joseph, Schuhmacher und Gemeindevorsteher zu Biberbach, Kreisliste Nr. 242.
17) Braun, Anton, Müller und Gemeindevorsteher, Kreisliste Nr. 243.
18) Bauer, Joseph, Oekonom zu Obermässing, Kreisliste Nr. 247.

19) Weber, Joseph, Oekonom zu Berching, Kreisliste Nr. 248.
20) Erlanger, Arnold, Eisenhändler zu Thalmässingen, Kreisliste Nr. 249.
21) Schlierf, Georg, Gemeindevorsteher zu Ittelhofen, Kreisliste Nr. 251.

Dinkelsbühl, Stadt:
22) Schoberth, Michael, rechtskundiger Bürgermeister zu Dinkelsbühl, Kreisliste Nr. 20.
23) Gruber, Johann, Rentner zu Dinkelsbühl, Kreisliste Nr. 21.
24) Kiefhaber, Friedrich, Rentner zu Dinkelsbühl, Kreisliste Nr. 22.
25) Braun, Joseph, Magistratsrath und Bürstenfabrikant zu Dinkelsbühl, Kreisliste Nr. 23.

Dinkelsbühl, Bezirksamt:
26) Ruttmann, Gottfried, Müllermeister zu Dorfleutmathen, Kreisliste Nr. 253.
27) Wegert, Johann, Gemeindevorsteher zu Seibeldorf, Kreisliste Nr. 254.
28) Dommel, Johann Georg, Gemeindevorsteher zu Oberschwaningen, Kreisliste Nr. 258.
29) Dürr, Johann Michael, Gutsbesitzer zu Lautersheim, Kreisliste Nr. 260.
30) Roegele, Friedrich, Gastwirth und Oekonom zu Weiltingen, Kreisliste Nr. 262.
31) Reichert, Christian, Gutsbesitzer und Gemeindevorsteher zu Ammelbruch, Kreisliste Nr. 266.
32) Schegl, August, Kaufmann zu Wassertrüdingen, Kreisliste Nr. 270.

Eichstätt, Stadt:
33) Döberlein, Dr., Eduard, prakt. Arzt zu Eichstätt, Kreisliste Nr. 29.
34) Hofer, Franz Sales, Kaufmann zu Eichstätt, Kreisliste Nr. 32.
35) Schneller, Franz, Bäcker zu Eichstätt, Kreisliste Nr. 34.

Eichstätt, Bezirksamt:

36) Meyer, Xaver, Wirth zu Wellheim, Kreisliste Nr. 276.
37) Ziegler, Peter, Bierbrauer zu Kipfenberg, Kreisliste Nr. 277.
38) Heilmeyer, Georg, Bierbrauer zu Gurheim, Kreisliste Nr. 280.
39. Plapperer, Joseph, Bauer zu Sappenfeld, Kreisliste Nr. 282.
40) Brems, Joseph, Müller, zu Dietenfeld, Kreisliste Nr. 288.

Erlangen, Stadt:

41) Junge, August, Buchdruckereibesitzer zu Erlangen, Kreisliste Nr. 42.
42) Elffländer, Georg, Kaufmann zu Erlangen, Kreisliste Nr. 43.
43) Braun, Leonhard, Zinngießermeister zu Erlangen, Kreisliste Nr. 44.
44) Schwarz, Wilhelm Kaufmann u. Magistratsrath zu Erlangen, Kreisliste 47.
45) Brückner, Konrad Christian, Strumpffabrikant zu Erlangen, Kreisliste 51.
46) Weinstock, Samuel, Kaufmann, zu Erlangen, Kreisliste 54.

Erlangen, Bezirksamt:

47) Drixgel, Johann Georg, Müller zu Haberhof, Gemeindebezirks Weiher, Kreisliste Nr. 296.
48) Weiß, Georg, Oekonom zu Hüttendorf, Kreisliste Nr. 297.
49) Erbel, Georg, Wirth zu Baiersdorf, Kreisliste Nr. 298.

Feuchtwangen, Bezirksamt:

50) Horlacher, Karl, Kaufmann zu Feuchtwangen, Kreisliste Nr. 299.
51) Vogt, Andreas, Mühlbesitzer zu Böckau, Kreisliste Nr. 302.
52) Koehler, Johann Georg, Bauer zu Zumhaus, Kreisliste Nr. 303.

53) Niederlehner, Johann Georg, Spezereihändler und Gemeindevorsteher zu Weidenbach, Kreisliste Nr. 307.
54) Sterner, Peter, Bauer zu Siegbruck, Kreisliste Nr. 309.
55) Rober, Karl, Färbermeister zu Feuchtwangen, Kreisliste Nr. 314.
56) Ritter, Kaspar, Sattlermeister und Magistratsrath zu Herrieden, Kreisliste Nr. 315.
57) Schmidt, Joseph, Gastwirth und Magistratsrath zu Herrieden, Kreisliste Nr. 316.
58) Bühler, Georg Leonhard, Bauer und Gemeindevorsteher zu Banzenweiler, Kreisliste Nr. 318.

Fürth, Stadt:

59) Schmelz, Christoph August, Kaufmann zu Fürth, Kreisliste Nr. 67.
60) Eckart, Ludwig, Mühlbesitzer zu Fürth, Kreisliste Nr. 69.
61) Birner, Philipp, Kaufmann zu Fürth, Kreisliste Nr. 70.
62) Uhlmann, Max, Kaufmann zu Fürth, Kreisliste Nr. 75.
63) Bögner, Ulrich, k. Advokat zu Fürth, Kreisliste Nr. 79.
64) Blödel, Konrad, Privatier zu Fürth, Kreisliste Nr. 80.
65) Bachenbacher, Jakob, Kaufmann zu Fürth, Kreisliste Nr. 81.
66) Hesselberger, Max, Kaufmann zu Fürth, Kreisliste Nr. 83.
67) Jolles, Christian Rudolph, Privatier zu Fürth, Kreisliste Nr. 88.

Fürth, Bezirksamt:

68) Ulrich, Georg Heinrich, Gemeindevorsteher zu Stadeln, Kreisliste Nr. 319.
69) Pfann, Georg Peter, Gemeindevorsteher zu Schnepfenreuth, Kreisliste Nr. 320.

70) Ebrner, Lorenz Paul, Mühlbesitzer zu Bach, Kreisliste Nr. 328.
71) Hutenöder, Johann Konrad, Gutsbesitzer zu Haardthof, Gemeinde Laubendorf, Kreisliste Nr. 330.
72) Rebenbacher, Johann Adam, Müllermeister zu Kernmühle, Gemeinde Weinzierlein, Kreisliste Nr. 331.
73) Körber, Konrad, Bauer zu Horbach, Kreisliste Nr. 335.

Gunzenhausen, Bezirksamt:

74) Minnameier, Johann Georg, Bauer und Gemeindevorsteher zu Pfofeld, Kreisliste Nr. 339.
75) Schorr, Johann Leonhard, Schmiedmeister und Oeconom zu Heidenheim, Kreisliste Nr. 342.
76) Feldner, Johann Leonhard, Bierbrauer zu Dergersheim, Kreisliste Nr. 343.
77) Löffler, Martin, Bauer zu Wiesshof, Kreisliste Nr. 346.
78) Hörnlein, Adam, Bierbrauer und Gastwirth zu Stadeln, Kreisliste Nr. 349.
79) Leitel, Georg Samuel, Bierbrauer zu Gerolzheim, Kreisliste Nr. 350.
80) Rottenberger, Georg Mathias, Bauer zu Pfofeld, Kreisliste 356.
81) Huber, Johann, Maurermeister und Magistratsrath zu Gunzenhausen, Kreisliste Nr. 357.

Heilsbronn, Bezirksamt:

82) Braun, Georg Friedrich, Müllermeister zu Pflugmühle, Kreisliste Nr. 358.
83) Klein, Christoph Heinrich, Handelsmann zu Windsbach, Kreisliste Nr. 360.
84) Fischer, Johann Daniel, Bauer zu Widlesgreuth, Kreisliste Nr. 366.
85) Schröppel, Georg Albrecht, Konditor und Seklüchner zu Heilsbronn, Kreisliste Nr. 369.

Hersbruck, Bezirksamt:

86) Scharrer, Johann Leonhard, Müller und Oeconom zu Pommelsbrunn, Kreisliste Nr. 374.
87) Gräf, Andreas, Gutsbesitzer zu Schnaittach, Kreisliste Nr. 380.
88) Schlicht, Joseph, Müller zu Franzenhammer, Kreisliste Nr. 381.
89) Müller, Konrad, Bäckermeister zu Hersbruck, Kreisliste Nr. 385.
90) Schmidt, Johann Paul Theodor, Magistratsrath zu Hersbruck, Kreisliste Nr. 386.
91) Raum, Konrad, Hopfenhändler zu Hersbruck, Kreisliste Nr. 387.
92) Schmidt, Leonhard, Müllermeister u. Magistratsrath zu Lauf, Kreisliste Nr. 388.
93) Grünauer, Johann Gottlieb Paul, Müllermeister zu Lauf, Kreisliste Nr. 389.

Neustadt a/A., Bezirksamt:

94) Seyboth, Johann Michael, Privatier zu Neustadt a/A., Kreisliste Nr. 396.
95) Rieberlein, Johann Michael, Oeconom und Gemeindevorsteher zu Dachsbach, Kreisliste Nr. 397.
96) Beck, Johann Michael, Oeconom und Gemeindevorsteher zu Dietersheim, Kreisliste 399.
97) Jordan, Johann Georg, Müllermeister zu Moosmühle bei Dietenhofen, Kreisliste 400.
98) Hubinger, Johann Nikolaus, Müllermeister und Gemeindevorsteher zu Schneemühle bei Gunzendorf, Kreisliste 401.
99) Enzner, Johann Georg, Oeconom zu Bockenroth, Kreisliste Nr. 402.
100) Ittner, Sebastian, Oekonom zu Hohenroth, Kreisliste Nr. 407.
101) Pfeiffer, Johann Albrecht, Hopfenhändler u. Oeconom zu Uehlfeld, Kreisliste 410.

Nürnberg, Stadt:
102) Beck, Friedrich, Kaufmann zu Nürnberg, Kreisliste Nr. 95.
103) Buchmann, Anton, Kaufmann zu Nürnberg, Kreisliste Nr. 104.
104) Dell, Georg, Sattler zu Nürnberg, Kreisliste Nr. 105.
105) Dorn, Georg, Kaufmann zu Nürnberg, Kreisliste Nr. 107.
106) Eitzinger, Georg Leonhard, Tapezier zu Nürnberg, Kreisliste Nr. 109.
107) Ellenberger, Heinrich, Drechsler zu Nürnberg, Kreisliste Nr. 110.
108) Fuchs, Paul Christian, Drahtfabrikant zu Nürnberg, Kreisliste Nr. 113.
109) Gürster, Franz Michael, Kaufmann zu Nürnberg, Kreisliste Nr. 118.
110) Hartmann, Wilhelm, Kaufmann zu Nürnberg, Kreisliste Nr. 119.
111) Hausknecht, Christian, Großhändler zu Nürnberg, Kreisliste Nr. 120.
112) Hechtel, Konrad, Gastwirth zu Nürnberg, Kreisliste Nr. 121.
113) Heubeck, Johann Sebastian, Instrumentenmacher zu Nürnberg, Kreisliste Nr. 124.
114) Hopf, Joseph, Kaufmann zu Nürnberg, Kreisliste Nr. 126.
115) Horn, Konrad August, Rosolifabrikant zu Nürnberg, Kreisliste Nr. 127.
116) Klöpfel, Joh. Leonhard, Kaufmann zu Nürnberg, Kreisliste Nr. 132.
117) Loschge, Johann Karl, Kaufmann zu Nürnberg, Kreisliste Nr. 137.
118) Lotter, Friedrich August, Gastwirth zu Nürnberg, Kreisliste Nr. 138.
119) Metzger, Johann Georg Karl, Lebküchner zu Nürnberg, Kreisliste Nr. 142.
120) Oberley, Erhard, Kaufmann zu Nürnberg, Kreisliste Nr. 144.
121) Ott, Georg Adam, Großhändler zu Nürnberg, Kreisliste Nr. 146.
122) Pickert, Sigmund, Kunsthändler zu Nürnberg, Kreisliste Nr. 151.
123) Pocher, Karl Anton, Spielwaarenfabrikant zu Nürnberg, Kreisliste Nr. 153.
124) Ramp, jun., Friedrich, Kleiderfabrikant zu Nürnberg, Kreisliste Nr. 156.
125) Raum, Albert, Kaufmann zu Nürnberg, Kreisliste Nr. 158.
126) Rauenzahner, Georg, Dr. phil. zu Nürnberg, Kreisliste Nr. 159.
127) Sebalt, Ulrich Ernst, Buchdruckereibesitzer in Nürnberg, Kreisliste Nr. 162.
128) Schobig, Johann Ludwig, Dr., prakt. Arzt zu Nürnberg, Kreisliste Nr. 171.
129) Schwarz von, Benedikt, Kaufmann zu Nürnberg, Kreisliste Nr. 175.
130) Thieß, Ernst Philipp, Kaufmann zu Nürnberg, Kreisliste Nr. 176.
131) Wahnschaffe, August, Kaufmann zu Nürnberg, Kreisliste Nr. 177.
132) Weißmann, Friedrich August, Fabrikant zu Nürnberg, Kreisliste Nr. 180.
133) Wunderlich, Georg, Kaufmann zu Nürnberg, Kreisliste Nr. 181.
134) Zöllner, Andreas, Kaufmann zu Nürnberg, Kreisliste Nr. 182.

Nürnberg, Bezirksamt.
135) Eckstein, Georg Andreas, Spezereihändler zu Stein, Kreisliste Nr. 421.
136) Grimer, Karl, Fabrikant und Landtagsabgeordneter zu Doos, Kreisliste Nr. 425.
137) Hörl, Peter, Gastwirth zu Altdorf, Kreisliste Nr. 426.

138) Schröbel, Johann, Gemeindevorsteher zu Frucht, Kreisliste Nr. 430.
139) Mörtel, Johann, Privatier zu Mögeldorf, Kreisliste Nr. 433.
140) Ruckert, Heinrich, Privatier zu Mögeldorf, Kreisliste Nr. 435.
141) Görgel, Johann Georg, Müllermeister zu Prethalmühle bei Altdorf, Kreisliste Nr. 436.
142) Karg, Stephan, Bauer zu Penzenhofen, Kreisliste Nr. 438.
143) Heidner, Johann Andreas, Magistratsrath zu Altdorf, Kreisliste Nr. 439.

Rothenburg, Stadt.

144) Klett, Friedrich, vormals Apotheker zu Rothenburg, Kreisliste Nr. 131.
145) Rattelmüller, Leonhard, Müllermeister zu Rothenburg, Kreisliste Nr. 186.
146) Haas, Ludwig, Kaufmann zu Rothenburg, Kreisliste Nr. 187.
147) Geißendörfer, Michael, Privatier zu Rothenburg, Kreisliste Nr. 189.
148) Hautsch, Johann Leonhard, Müllermeister zu Rothenburg, Kreisliste Nr. 193.

Rothenburg, Bezirksamt:

149) Meyer, Georg Leonhard, Oekonom zu Hetzweiler, Kreisliste Nr. 443.
150) Lang, Salomon, Müllermeister auf der Böllersmühle, zu Diebach, Kreisliste Nr. 445.
151) Genthner, Johann Georg, Oekonom zu Dombühl, Kreisliste Nr. 446.
152) Schöller, Johann Michael, Oekonom zu Habelsee, Kreisliste Nr. 450.

Scheinfeld, Bezirksamt:

153) Grosch, Konrad, Oekonom zu Burgambach, Kreisliste Nr. 453.
154) Beeb, jun., Michael, Kaufmann und Magistratsrath zu Scheinfeld, Kreisliste Nr. 454.
155) Baukmüller, Leonhard, Welbermeister und Magistratsrath zu Iphofen, Kreisliste Nr. 457.
156) Eysselein, Leonhard, Gemeindevorsteher zu Dürrenbuch, Kreisliste Nr. 464.
157) Blümlein, Leonhard, Bauer und Gemeindevorsteher zu Sugenheim, Kreisliste Nr. 469.

Schwabach, Stadt:

158) Weinschenk, Mayer, Kaufmann zu Schwabach, Kreisliste Nr. 197.
159) Kern, Julius, Fabrikbesitzer zu Schwabach, Kreisliste Nr. 199.
160) Feuerstein, Christoph, Bierbrauer zu Schwabach, Kreisliste Nr. 200.

Schwabach, Bezirksamt:

161) Zollmann, Anton, Gemeindevorsteher zu Großweingarten, Kreisliste Nr. 470.
162) Häberlein, Ernst, Landwirth zu Georgensgmünd, Kreisliste Nr. 472.
163) Stöhr, Georg, Bierbrauer zu Abenberg, Kreisliste Nr. 474.
164) Winter, Konrad, Gemeindevorsteher zu Rauberdrick, Kreisliste Nr. 475.
165) Mehl, Johann Michael, Gemeindevorsteher zu Mäbenberg, Kreisliste Nr. 482.
166) Brunner, Leonhard, Gemeindevorsteher zu Eibach, Kreisliste Nr. 483.
167) Bauer, Konrad, Gemeindevorsteher zu Schopfhof, Kreisliste Nr. 485.
168) Endres, Johann, Gemeindevorsteher zu Wernfels, Kreisliste Nr. 486.
169) Niederer, Gabriel, Oekonom zu Mittelhembach, Kreisliste Nr. 488.
170) Volkert, Georg, Bauer zu Dürrenhembach, Kreisliste Nr. 489.

Uffenheim, Bezirksamt:

171) Endreß, Leonhard Heinrich, Bierbrauer und Gastwirth zu Illesheim, Kreisliste Nr. 500.

172) Popp, Georg Michael, Oekonom zu Lenkers-
heim, Kreisliste Nr. 501.
173) Plochmann, Dr., Julius, k. Advokat zu Winds-
heim, Kreisliste Nr. 505.
174) Krämer, Johann Georg, Banquier zu Uffenheim, Kreisliste Nr. 507.
175) Treuheit, Georg Leonhard, Oekonom und
Gemeindevorsteher zu Bühlberg, Kreisliste Nr.
509.
176) Gebhardt, Johann Georg Oekonom und Gemeindevorsteher zu Untericelsheim, Kreisliste
Nr. 510.
177) Bräunig, Adam, Bauer und Gemeindevorsteher
zu Hemmersheim, Kreisliste Nr. 512.

Weißenburg, Stadt:

178) Pflaumer, Heinrich Fabrikant zu Silbermühle
bei Weißenburg, Kreisliste Nr. 209.
179) Eulitz, Julius, Oekonom und Müllermeister
zu Habermühle bei Weißenburg, Kreisliste Nr.
210.

Weißenburg, Bezirksamt:

180) Schwimmer, Mathias, Bauer zu Alesheim,
Kreisliste Nr. 514.
181) Rottenberger, Johann Georg, Bauer und
Gemeindevorsteher zu Emetzheim, Kreisliste Nr.
519.
182) Hüttinger, Adam, Bauer und Gemeindevorsteher zu Höfen, Kreisliste Nr. 520.
183) Zagelmeier, Jacob, Bierbrauer zu Neudorf,
Kreisliste Nr. 521.
184) Zagelmeier, Friedrich, Bauer und Gemeinde-
Vorsteher zu Langenaltheim, Kreisliste Nr. 523.
185) Auernhammer, Friedrich, Metzger zu Pappenheim, Kreisliste Nr. 524.

186) Gloßner, Daniel, Bierbrauer zu Rennsling,
Kreisliste Nr. 526.
187) Seefried, Johann, Bauer und Gemeindevorsteher zu Stopfenheim, Kreisliste Nr. 530.
Aus dem Verzeichnisse der für den Staatsgerichtshof ausgewählten Geschworenen sind ab-
zustreichen:
1) Dr. Wünsch, Gustav, praktischer Arzt zu Ansbach,
Hauptliste Nr. 17.
2) Schneebiß, Otto, Apotheker zu Beilngries,
Hauptliste Nr. 73.
3) Dr. Horlacher, Joh. Fr. Karl, praktischer Arzt,
zu Nürnberg, Hauptliste Nr. 475.
4) Geißendörfer, Moritz, Landwirth zu Oberlaim-
bach (Bezirksamts Scheinfeld), Hauptliste Nr.
581.
5) Huß, Mathias, Bierbrauer, zu Treuchtlingen
(Bezirksamt Weißenburg), Hauptliste Nr. 679.
An deren Stelle werden in das Verzeichniß aufgenommen:
1) Dr. Burkhardt, Ludwig, praktischer Arzt zu
Ansbach, durch Beschluß vom Heutigen von der
Kreisliste (Nr. 9) auf die Hauptliste gesetzt.
(Siehe oben Nr. 4.)
2) Knittl, Karl, Handelsmann zu Beilngries,
Hauptliste Nr. 74.
3) Rauenzahner, Georg, Dr. phil., zu Nürnberg, durch Beschluß vom Heutigen von der Kreisliste (Nr. 159) auf die Hauptliste gesetzt. (Siehe
oben Nr. 126.)
4) Beth, jun., Michael, Kaufmann und Magistratsrath zu Scheinfeld, durch Beschluß vom Heutigen
von der Kreisliste (Nr. 454) auf die Hauptliste
gesetzt. (Siehe oben Nr. 154.)
5) Auernhammer, Jakob, Fabrikant zu Treuchtlin-
gingen, Hauptliste Nr. 680.

III.

Nach diesem trägt Landrath Schwarz, als II. Referent des II. Ausschusses vor:

a) über die Rechnung des Kreis-Getreide-Magazins für Mittelfranken pro 1864|65;

b) über die Rechnung der Maximilians-Stiftung pro 1864|65;

c) über die Rechnung des Pensionsfondes für die Lehrer an den technischen Schulen in Mittelfranken pro 1864|65;

d) über die Rechnung der Ludwigs-Kreis-Hilfskasse pro 1864|65.

In diesen Rechnungen hat sich nichts gefunden, was zu einer Erinnerung Veranlassung geben könnte und so würde denselben auf Antrag des Ausschusses die Anerkennung der Landrathsversammlung zugesprochen und bezüglich der letztgenannten dem Herrn Verwalter Brendel, der im unverdrossenen Streben für die gute Sache auch im abgewichenen Rechnungsjahre 1864|65 die Verwaltung einschließlich der damit verbundenen Ausgaben unentgeltlich besorgte, wiederholt der Dank kundgegeben.

Damit war die Tagesordnung erschöpft und die Sitzung wurde aufgehoben, die nächste aber auf

Donnerstag, den 7. Juni, Vormittags 9 Uhr festgesetzt.

Geschlossen und unterzeichnet

Kelber, Präsident.

Stockinger, Sekr.

Viertes Protokoll.

Aufgenommen im kgl. Schlosse zu Ansbach am 7. Juni 1866.

Anwesend: 33 Mitglieder.

Abwesend:

Meyer, Jobst, Ökonom von Deutenheim.

Anwesend von Seite der kgl. Regierung:

Regierungsrath von Morett.
Regierungsrath Escherich.
Regierungsrath Meinel.

Nach der um 9 Uhr geschehenen Eröffnung der heutigen Sitzung wurde das Protokoll der vorgestrigen verlesen und da Niemand gegen Inhalt und Form desselben eine Erinnerung zu machen hatte, genehmigt.

I.

Als vorhandene Einläufe wurden hierauf bekannt gegeben:

1) Eine Bittvorstellung der Vorstandschaft des landwirthschaftlichen Kreditvereins für Mittelfranken vom 3. und praes. 6. Juni 1866.

"Unterstützung aus Kreismitteln betr., angeeignet von dem Landrathsmitgliede Ullherr, geht ad referendum an den V. Ausschuß.

2) Ein Gesuch des ebengenannten Landrathsmitglieds Ullherr vom 5. und praes. 6. Juni a. c.

"einen außerordentlichen Zuschuß zum Distrikts-Straßenbau im Landgerichtsbezirke Hersbruck betreffend",

geht an den VI. Ausschuß.

3) Ein Antrag des Landrathsmitgliedes Beiser vom 5. und praes. 6. Juni a. c.:

"die Errichtung von Privatbeschälstationen zur Pferdezucht schwereren Schlages betr.", geht an den V. Ausschuß.

4) Ein Antrag des nämlichen Landrathsmitgliedes Beiser vom 5. und praes. 6. Juni 1866:

"die Vertheilung der Gemeindegründe zur Kultivirung, hier deren Nachtheil für das Weidewesen überhaupt und insbesondere für die Schafzucht betr.",

wird dem V. Ausschuße zugewiesen.

5) Eine Zuschrift der kgl. Regierung von Mittelfranken vom 6. und praes. 7. Juni l. J.:

"die Rettungsanstalt auf dem Trautberg bei Castell und Rüdenhausen betr."

Die beigelegten 49 Exemplare des Jahresberichts über genannte Anstalt werden vertheilt, die Zuschrift selbst dem III. Ausschuß übergeben.

II.

Der Sekretär des ständigen Landrathsausschußes, Landrath Puscher von Nürnberg, erstattet nun Vortrag über die Thätigkeit des genannten Ausschußes im abgelaufenen Jahre. Aus diesem Vortrage vernimmt die Versammlung, daß der Ausschuß in außerordentlicher Weise nicht in Anspruch genommen worden sei, sondern lediglich den Auftrag erfüllet habe, sich an der Bestimmung eines Platzes für den Neubau der Kreis-Landwirthschaftsschule Lichtenhof zu betheiligen und sich über den Stand der Kreisanstalten zu informiren. Was die erste Angelegenheit betrifft, so einigten sich die Mitglieder des ständigen Ausschußes mit dem k. Regierungskommissär und dem k. Kreisbaubeamten dahin, es solle der beregte Neubau in gleiche Linie an der Nordseite mit dem vor Kurzem aufgeführten Anbau zur Vergrößerung des Lehr- und Speise-

saales gestellt werden, da in dieser Weise eine den Garten weniger alterirende Inanspruchnahme des Bauplatzes gegeben war und andererseits eine etwaige Erweiterung leichter ermöglichet und der Bau selber nach Außen hin ein besseres Ansehen bekömmt.

Die zweite Angelegenheit, nämlich die Kreis-Lehranstalten betr., vernimmt der Landrath gerne den günstigen Stand derselben, glaubt sich aber vor Allem auf Antrag des Ausschußes verpflichtet, wiederholt unter Hervorhebung der Nothwendigkeit und der Nachtheile, welche ein längerer Verzug für die industriellen Kräfte unseres Kreises bringen würde, an die allerhöchste Stelle die ehrfurchtsvolle Bitte auszusprechen: es möge eine höhere technische Lehranstalt, in welcher ein Eintritt aus den Gewerbschulen möglich und eine weitere Ausbildung zu erreichen ist, in Mittelfranken gegründet werden.

Was die Kreisackerbauschule in Triesdorf betrifft, der jetzt durch die Erbauung eines neuen Schulhauses Gelegenheit gegeben ist, sich zu heben und weiter auszudehnen, beschließt die Versammlung der kgl. Regierung den Wunsch auszudrücken, dieselbe wolle dieser Kreisanstalt ferner alle mögliche Fürsorge zuwenden, insbesondere aber auf eine umsichtige und energische Direktion hinwirken.

Bezüglich der Kreisirren-Anstalt in Erlangen kömmt zu constatiren, daß die Verhältnisse derselben geordnet und die Leitung eine durchaus umsichtige und gediegene ist.

III.

Der Tagesordnung gemäß erstattet der Referent des III. Ausschußes, Landrath Konr. Meyer, Vortrag über die Postulate der kgl. Regierung im Propositionsschreiben und es werden genehmigt:

Vortrag.

	a. für den Zeitraum vom 1. Oktober 1866 bis 30. September 1867.			b. für den Zeitraum vom 1. Oktober bis 31. Dezember 1867.			c. Summa für beide Zeiträume		
	fl.	kr.	pf.	fl.	kr.	pf.	fl.	kr.	pf.

Cap. II.
Bedarf des Landraths.

§. 1. Taggebühren und Reisekosten der Landräthe	1800	—	—				1800	—	—
§. 2. Taggebühren und Reisekosten des Landraths-Ausschusses	200	—	—				200	—	—
§. 3. Regiekosten	500	—	—				500	—	—
Summa des Cap. II.	2500	—	—				2500	—	—

Cap. V.
Gesundheit.

§. 1. Kreis-Irrenanstalt Erlangen . . . . 5800 | 2600 | 8400

Da nach Anschreiben der kgl. Regierung vom 2. Juni l. Js. zur Erweiterung der Kreis-Irrenanstalt noch 18809 fl. als Nachforderung, postulirt sind, so beschließt die Versammlung: es solle der kgl. Regierung zur Bestreitung dieser Nachforderung ein Kredit bis zu 18809 fl. bewilligt werden . . . . 18809 | | 18809

Außerdem genehmigt die Landrathsversammlung noch die Summe von 4705 fl., für Arbeiten nach Kostenvoranschlag, welche als höchst nothwendiges Bedürfniß in der Kreis-Irrenanstalt noch hergestellt werden müssen und aus der Vermehrung der Kranken herrühren, wobei noch vorzugsweise hingewiesen wird, daß die Vergrößerung des nicht mehr ausreichenden Warmwasser-Reservoirs und Ausdehnung der Wasserleitung im Innern der Anstaltsgebäude u. Herstellung von Kleidermagazinen, Hauptursache sind. 4705 | | 4705

Dazu kömmt noch ein Postulat der k. Regierung von 280 fl. für Erwerbung eines Grundstückes vom 72 Dezimalen, wobei die Verbindlichkeit einzugehen ist, dieses Grundstück, sowie ein schon früher erworbenes von 2 Tagwerk 9 Dezimalen in Anlagen umzuwandeln, was einen Kostenpunkt für beide Grundstücke von 560 fl. 29 kr. ausweiset. Diese beiden Posten werden durch den für Grunderwerbung der Anstalt reservirten Fonds gedeckt, wogegen die Landrathsversammlung eine Erinnerung nicht zu machen hat.

Latus | 29314 | — | — | 2600 | — | — | 31914 | — | —

Vortrag	für den Zeitraum v. 1. Oktober 1866 bis 30. September 1867.			für den Zeitraum vom 1. Oktober bis 31. Dezember 1867.			Summa für beide Zeiträume		
	fl.	kr.	pf.	fl.	kr.	pf.	fl.	kr.	pf.
Transport	29314	—	—	2600	—	—	31914	—	—
§. 2. Unterstützung armer Gemeinden zum Unterhalte von Geisteskranken in der Kreisirrenanstalt	4000	—	—	1000	—	—	5000	—	—
§. 3. für die Gebäranstalt in Erlangen	300	—	—	75	—	—	375	—	—
§. 4. für Krankenanstalten, und zwar:									
a) Beitrag zum chirurgischen Klinikum in Erlangen	300	—	—	75	—	—	375	—	—
b) zum dortigen medizinischen Klinikum	300	—	—	75	—	—	375	—	—
c) zur Maximilians-Heilanstalt für arme Augenkranke in Nürnberg	100	—	—	25	—	—	125	—	—
§. 5. Beitrag zur Unterstützung armer Gemeinden für Haltung von Armenärzten	800	—	—	200	—	—	1000	—	—
Summa des Cap. V.	35114	—	—	4050	—	—	39164	—	—

Cap. VI.

Wohlthätigkeit.

§. 1. Beitrag zum Maximilians-Hilfsmagazin (Kreis-Getreidemagazin)	5000	—	—	1250	—	—	6250	—	—
§. 2. für das Trautberger Rettungshaus in Unterfranken	300	—	—	75	—	—	375	—	—
§. 3. für Unterstützung von Rettungsanstalten des Regierungsbezirkes	2000	—	—	500	—	—	2500	—	—
§. 4. Beitrag zur Unterbringung verwahrloster Kinder	4000	—	—	1000	—	—	5000	—	—
§. 5. für entlassene Sträflinge und Korrektionäre	500	—	—	125	—	—	625	—	—
Hier wurde auch der Jahresbericht des Kreisvereins für entlassene Sträflinge zur Kenntniß gebracht, über welchen der Landrath eine Erinnerung nicht zu machen hatte.									
§. 6. Beitrag zur Diakonissenanstalt in Neuendettelsau	300	—	—	75	—	—	375	—	—
§. 7. Beitrag zur dortigen Anstalt für Schwache und Blödsinnige	500	—	—	125	—	—	625	—	—
Summa des Cap. VI.	12600	—	—	3150	—	—	15750	—	—

IV.

Daran reiht sich der Vortrag des Referenten des VI. Ausschusses, Hofrathes Lengenfelder, welcher auseinandersetzt, daß man zur Unterstützung der Gemeinden zum Unterhalte der Distriktsstraßen eine möglichst hohe Summe genehmigen müsse und es beschließt die Versammlung auf Antrag ihres Ausschusses, die Position für den bemeldeten Zweck pro Jahr von der bisher postulirten Summe von 24000 fl. auf 36000 fl. zu erhöhen, jedoch nicht in außerordentlicher, sondern in vorläufig ständiger Weise, damit bei der Berathung des Kreisbudgets nicht jedes Jahr auf's Neue dieser Gegenstand in weitläufiger Auseinandersetzung behandelt werden müsse.

V.

Zur Erschöpfung der heutigen Tagesordnung trägt der Referent II. des II. Ausschusses, Landrath Schwarz noch vor:

a) über die Rechnungen der k. Inspektion der Kreis-Ackerbauschule in Triesdorf pro 1864/65 und zwar,

α) der Kreisackerbauschule,
β) der Oekonomie,
γ) der Baumplantage.

Nachdem der Ausschuß gegen diese Rechnungen eine Erinnerung nicht zu erheben hat, sondern deren Anerkennung beantragt, so wird ihnen diese Anerkennung von der Versammlung zugesprochen.

b) über die Rechnung der Kreis-Erziehungs-Anstalt Lichtenhof pro 1864/65.

Da der Ausschuß auch bei Prüfung dieser Rechnung keinen Grund zur Beanstandung derselben gefunden hat, so kennt die Versammlung sie an.

Damit war die Tagesordnung erledigt und sonach die Sitzung beendiget; der Präsident erklärt dieselbe für geschlossen und setzt die nächste auf Samstag, den 9. Juni, Vormittags 9 Uhr fest.

Geschlossen und unterzeichnet.

Kelber, Präsident.
Stockinger, Sekr.

Fünftes Protokoll.

Aufgenommen im königl. Schlosse zu Ansbach am 9. Juni 1866.

Anwesend: 32 Mitglieder.

Abwesend:

Kern, Kaufmann von Dinkelsbühl.

Krämer, Johann Georg, Oekonom von Dietersheim.

Anwesend seitens der königl. Regierung:

Regierungsrath von Morett.

Regierungsrath Meinel

Wie festgesetzt, wurde am heutigen Tage um 9 Uhr die Sitzung des Landrathes eröffnet, das Protokoll der vorausgehenden verlesen und dasselbe, nachdem von keiner Seite eine Erinnerung ausgesprochen war, anerkannt.

I.

Nach Vorzeichnung der Tagesordnung trägt der I. Referent des II. Ausschusses Landrath Puscher vor:

a) über die Kreisfonds-Hauptrechnung pro 1864/65, welcher auf Antrag des Ausschusses die Anerkennung der Versammlung zugesprochen wird;

b) über die Nebenrechnungen pro 1864/65:

α) des Zuschusses aus Centralfonds zum Straßenbau;

b) für Auffindung von Torf- und Steinkohlen, welchen beiden Rechnungen gleichfalls die Anerkennung zugesprochen wird;

c) über die Rechnung der Kreisirrenanstalt in Erlangen pro 1864/65, welche dem Ausschusse zu einer Erinnerung eine Veranlassung nicht gegeben hat und die sonach ebenfalls die Genehmigung der Versammlung erhält, unter der Bemerkung, es solle die k. Regierung ersucht werden, eine neue Schätzung sämmtlicher Gebäulichkeiten, die in neuerer Zeit eine größere Ausdehnung gefunden haben, vornehmen zu lassen und auf Grund derselben die Versicherungs-Summe bei der Immobiliar-Feuer-Versicherungs-Anstalt angemessen zu erhöhen.

II.

Hierauf trägt der Referent des VI. Ausschusses, Hofrath Längenfelder vor, über das von Seite der k. Regierung an den Landrath gerichtete Schreiben vom 2. Juni a. c., nach welchem heuer wieder von der durch das Finanzgesetz vom 10. November 1861 aus Centralfonds bewilligten Summe von 450,000 fl., für Mittelfranken 7320 fl., zur Vertheilung für Unterhaltung der Distriktsstraßen kommen und es begutachtet die Landrathsversammlung auf Antrag des Ausschusses die nachstehenden Bezirke zu den folgenden Zuschüssen:

1.	Ansbach	400 fl.
2.	Leutershausen	300 fl.
3.	Dinkelsbühl-Wassertrüdingen	1000 fl.
4.	Erlangen	200 fl.
5.	Feuchtwangen	100 fl.
6.	Herrieden	400 fl.
7.	Gunzenhausen	100 fl.
8.	Heidenheim	300 fl.
9.	Hersbruck	1200 fl.
10.	Neustadt a/A.	600 fl.
11.	Markterlbach	800 fl.
12.	Altdorf	400 fl.
13.	Rothenburg	600 fl.
14.	Schillingsfürst	200 fl.
15.	Scheinfeld	1000 fl.
16.	Roth	320 fl.
		7320 fl.

Damit ist sowohl der Antrag der beiden Landrathsmitglieder, Dekan Käppel und Gemeindevorsteher Vorlaufer vom 4. Juni a. c. praes. eodem.

Unterstützung aus Kreisfonds zu Verbesserungen an der Distriktsstraße von Reichelshofen über Endsee nach Steinach,

als auch der Antrag des Landrathes Ullherr vom 5. und praes. 6. Juni a. c.

außerordentlichen Zuschuß zum Distriktsstraßenbau im Landgerichtsbezirke Hersbruck betr.

erledigt.

Da die Versammlung aus dem Vortrage des Ausschuß-Referenten vernommen hat, daß die bisherigen Zuschüsse aus Centralfonds kaum den zehnten Theil des Aufwandes für solche Distriktsstraßen decken, welche die Wichtigkeit von Staatsstraßen haben, so beschließt dieselbe weiter noch einstimmig:

es sei an die k. Kreis-Regierung der Wunsch zu richten, dieselbe möge bei der k. Staatsregierung dahin wirken, daß bei Anfertigung des Budgets für die IX. Finanzperiode die Einstellung einer ergiebigen Position zur Unterstützung der Gemeinden bei Herstellung und Unterhaltung der Distriktsstraßen vorgesehen oder die Uebernahme besonders wichtiger Distriktsstraßen auf Centralfonds bewerkstelliget werde.

III.

Sofort referirt Frhr. v. Crailsheim Namens des V. Ausschusses

a) über den Antrag des Landrathsmitgliedes Georg Beifer vom 5. und praes. 6. Juni l. Js.

die Vertheilung von Gemeindegründen zur Kultivirung, und deren Nachtheil auf das Weidewesen betr.

und auf Antrag des Ausschusses beschließt die Versammlung:

„es sei von weiterer Verfolgung des angeregten Gegenstandes Umgang zu nehmen, da bereits durch die höchste Entschließung des kgl. Staatsministeriums des Innern, dann des Handels und der öffentlichen Arbeiten vom 18. Aug. 1858, Nr. 15693 „die allmählige Cultivirung und bessere Bewirthschaftung der Gemeinde-Gründe betr.", ausgesprochen wurde, daß bei Vertheilung und Cultivirung von Gemeindegründen die Interessen der Viehzucht in jenen Gegenden, wo die Pferde-, Rindvieh- oder Schafzucht von erheblicher Bedeutung ist, gegebenen Falls unter Vernehmung der landwirthschaftlichen Bezirks-Comités, oder einzelner tüchtiger, unbetheiligter Oekonomen, der reiflichsten Erwägung unterzogen und gebührend beachtet werden sollen;

b) über einen Antrag des nämlichen Landrathsmitgliedes Beifer vom 5. und praes. 6. Juni l. Js.

die Pferdezucht und Errichtung von Beschälstationen für schwereren Pferdeschlag im Bezirke Klingen betr.,

und es beschließt die Landrathsversammlung: „es solle dieser Antrag der kgl. Regierung zur thunlichsten Berücksichtigung hinübergegeben werden."

Bezüglich eines Gesuches der Vorstandschaft des landwirthschaftlichen Kreditvereins für Mittelfranken vom 3. Juni und praes. 4. ejusdem um einen Zuschuß aus Kreismitteln für diesen Verein, angeeignet von dem Landrathe Ullherr, erklärt dieser, daß er diesen Antrag im Hinblicke auf die dermaligen Zeitverhältnisse und mit Rücksicht auf die bedeutende Inanspruchnahme der Kreismittel, für diesesmal, zurückziehe, welche Zurückziehung die Versammlung genehmiget.

In gleicher Weise wird der Zurückziehung des Antrages des Landrathsmitgliedes Freiherrn von Crailsheim vom 2. mons. curr. die Förderung des landwirthschaftlichen Fortbildungswesens durch die Schullehrer betr., zugestimmt.

IV.

Hierauf richtet der Landrathspräsident Kelber, auf Grund der §§. 105 und 111 des Gesetzes vom 28. Mai 1852 über die Feuerversicherungs-Anstalt für Gebäude diesseits des Rheins, an die Versammelten die Aufforderung, sie möchten die Wahrnehmungen kund geben, welche sie im abgewichenen Jahre bezüglich des Immobiliar-Brandversicherungswesens gemacht.

Niemand in der Versammlung verlangte zu einer Aeußerung das Wort, womit die Sache sich erledigte.

Weiter wird die Versammlung noch in Kenntniß gesetzt, daß nach Ausweis des Grundbuches, das Immobiliar-Brandversicherungs-Kapital am Schlusse des Jahres 1864/65 in den vier Versicherungsklassen für 153,633 Gebäude 152,758,960 fl. betrug und sich diese Summe gegen das Vorjahr um 9,991,550 fl. gemehrt habe, und daß die Rechnung pro 1864/65 bei einer Einnahme von 597,565 fl. 23 kr. 3 pf. und Ausgabe von 196,984 fl. 20 kr. — pf. mit einem Aktivrest von 400,581 fl. 3 kr. 3 pf. abschließe.

Damit ist die Tagesordnung erschöpft und es wird die Sitzung aufgehoben, die nächste aber auf Montag, den 11. Juni, Nachmittags 3 Uhr anberaumt.

Geschlossen und unterzeichnet:

Kelber, Präsident.

Stodinger, Sekr.

Sechstes Protokoll.

Aufgenommen im kgl. Schlosse zu Ansbach am 11. Juni 1866.

Anwesend: 32 Mitglieder.

Abwesend:
Laurer, Ludwig, Privatier von Eichstätt.

Anwesend von Seite der k. Regierung:
Regierungsrath v. Morett.
„   Freiherr v. Crailsheim.

Im heutigen Tage versammelten sich die Mitglieder des Landrathes in ihrem Sitzungssaale und es wurde Nachmittags 3 Uhr die Session eröffnet und der Sekretär veranlaßt, das Protokoll der vorigen zu verlesen. Fassung und Inhalt desselben erfahren keine Beanstandung und so wurde dasselbe genehmigt.

I.

Als Einlauf war vorhanden: ein Anschreiben der kgl. Regierung von Mittelfranken vom 9. Juni und praes. eodem

„den allgemeinen Unterstützungsverein für die Hinterlassenen der k. bayer. Staatsdiener und die damit verbundene Töchterkasse, hier die Aufnahmsfähigkeit der Kreisanstalts-Beamten betr."

wird Freiherrn von Crailsheim zum Spezialreferate übergeben.

II.

Daran reiht sich das Referat des Landrathes Dekan Käppel — Namens des IV. Ausschusses — über das Propositionsschreiben.

Cap. III.

Erziehung und Bildung.

Hier werden nachstehende Postulate von der Landrathsversammlung genehmiget.

Vortrag.

§. 1.

Deutsche Schulen:

	a. für den Zeitraum v.1. Oktober 1866 bis 30. September 1867. fl.	kr.	pf.	b. für den Zeitraum vom 1. Oktober bis 31. Dezember 1867. fl.	kr.	pf.	c. Summa für beide Zeiträume fl.	kr.	pf.
Tit. 1. Funtations- und Dotationsbeiträge:									
a) bisherige ständige fundationsmäßige Reichnisse des Staatsaerars	13664	54	3	4472	18	2	18137	13	1
b) bisherige ältere dotationsmäßige Reichnisse	9838	11	3	2764	2	1	12602	33	—
Tit. 2. Uebrige Beiträge überhaupt:									
a) für Schulgehilfen									
bisherige Position für Schulgehilfenbeiträge	6500	—	—	1625	—	—	8125	—	—
für neu aufgestellte Schulgehilfen in Fürth 500 fl.									
für den Gehilfen an der katholischen Schule in Erlangen 50 fl.									
für den Gehilfen an der 7. Mädchenschule in Schwabach 100 fl.									
für den Schulgehilfen in Steinbühl 100 fl.	750	—	—	187	30	—	937	30	—
b) bisheriger Beitrag zur Unterstützung unbemittelter Schulkassen	100	—	—	25	—	—	125	—	—
c) Ständiger Beitrag zur älteren Schulfondskasse in Ansbach	2000	—	—	500	—	—	2500	—	—
d) Beitrag an die Schullehrer-Wittwen- u. Waisenkasse in Mittelfranken	3442	—	—	860	30	—	4302	30	—
e) An den Unterstützungsverein für Schullehrer in Mittelfranken und zwar:									
aus Kreisfonds 6000 fl.									
aus Centralfonds 7800 fl.	13800	—	—	3450	—	—	17250	—	—
f) Ritterrnftliche Miethzins-Entschädigung des III. Schullehrers und des Schulgehilfen in Langenzenn	65	—	—	16	15	—	81	15	—
Tit. 3. Gehalts-Ergänzungs-Zuschüsse	28806	35	—	7201	38	3	36008	13	3
Tit. 4. Prüfungs- und Aufsichtskosten:									
a) Kosten der Schul-Aufsichts- und Anstellungs-Prüfung	5200	—	—	—	—	—	5200	—	—
b) für außerordentliche Schulvisitationen	1500	—	—	375	—	—	1875	—	—
Latus	85666	41	2	21477	33	2	107144	15	—

	a. für den Zeitraum vom 1. Oktober 1866 bis 30. September 1867.			b. für den Zeitraum vom 1. Oktober bis 31. Dezember 1867.			c. Summa für beide Zeiträume	
Vortrag.	fl.	kr.	pf.	fl.	kr.	pf.	fl.	kr.
Transport	85666	41	2	21477	33	2	107144	15
c) für Regie der Distriktsschulinspektionen	400	—	—	100	—	—	500	—
Tit. 5. Anschläge der ärarialischen Dienstwohnungen und Dienstgründe	1100	57	—	275	14	1	1376	11
Tit. 6. Remunerationen und Unterstützungen:								
a) zur Unterstützung dienstunfähig gewordener Schullehrer	2000	—	—	500	—	—	2500	—
b) außerordentliche Unterstützungen für das Lehrerpersonal	1600	—	—	400	—	—	2000	—
In Anbetracht der sich immer mehrenden Unterstützungsgesuche von Seite der Lehrer beschließt die Landraths-Versammlung auf Antrag des Ausschusses: es sollen der vorstehenden Position von 1600 fl. pro 1866/67 noch weiter 400 fl. sammt dem Ratum vom 1 Oktober bis 31. Dezember 1867 zugeschossen werden	400	—	—	100	—	—	500	—
c) zu Remunerationen für Vorbereitungslehrer	1200	—	—	300	—	—	1500	—
d) zur Unterstützung der Schullehrlinge	1400	—	—	350	—	—	1750	—
e) zu Remunerationen für Lehrer, welche Zeichen-Unterricht ertheilen	400	—	—	100	—	—	500	—
f) zur Unterstützung derjenigen Schullehrer, welche vor dem Inslebentreten der Pensionsanstalt für deutsche Schullehrer quiescirt worden sind	2600	—	—	650	—	—	3250	—
Tit. 7. Pensionen und Alimentationen für Schullehrer und deren Relikten	2144	55	—	536	13	3	2681	8
Tit. 8. Bauausgaben:								
a) Beiträge an die Gemeinden zur Ausführung neuer Schulhausbauten	8000	—	—	2000	—	—	10000	—
Nachdem der Landrath schon im vorigen Jahre im Hinblicke auf die vielen bußwürdigen für Lehrer und Schüler beschränkten Schulhäuser, deren Reparatur oder Neubau bringendes Bedürfniß ist, sowie im Hinblicke auf die vermehrten Unterstützungsgesuche der Gemeinden, welche wegen ihrer Anzahl nicht alle Berücksichtigung finden konnten, zu der etatsirten Summa von 7000 fl. noch einen außerordentlichen								
Latus	106912	33	2	26789	1	2	133701	35

Vortrag.	a. für den Zeitraum v. 1. Oktober 1866 bis 30. September 1867. fl. kr. pf.	b. für den Zeitraum vom 1. Oktober bis 31. Dezember 1867. fl. kr. pf.	c. Summa für beide Zeiträume fl. kr. pf.
Transport	106912 33 2	26789 1 2	133701 35 —
Zuschuß von 3000 fl. genehmigte, und im heurigen Jahre die angeführten Verhältnisse im Wesentlichen sich nicht geändert haben, so beschließt die Landraths-Versammlung auf Antrag des Ausschusses, daß für das Jahr 1866/67 zu dem Postulate von 7000 fl. noch ein Zuschuß von 1000 fl. gegeben werde.			
b) Ständige Bauausgaben	111 — —	27 45 —	138 45 —
Summa §. 1	107023 33 2	26816 46 2	133840 20 —

§. 2.

Isolirte Lateinschulen:

	a.	b.	c.
Tit. 1. Fundations- und Dotationsbeiträge:			
a) fundationsmäßige Reichnisse des k. Staatsärars	1794 16 2	600 29 —	2394 45 2
b) Reichnisse aus der Kreisschulrotation und zwar an die Lateinschule zu			
Dinkelsbühl	550 — —	137 30 —	687 30 —
Feuchtwangen	522 15 —	135 40 —	657 55 —
Fürth	500 — —	125 — —	625 — —
Hier trägt Referent, Dekan Bauer, über das Anschreiben der k. Regierung vom 2. Juni l. Js. vor: die Erweiterung der Lateinschule zu Fürth und Vereinigung derselben mit der allda bestehenden Lehranstalt für Knaben, resp. einen weiteren Zuschuß von 500 fl. aus Kreisfonds zur Lateinschule in Fürth betr., und es beschließt die Versammlung auf Antrag der Majorität des Ausschusses mit 20 gegen 12 Stimmen: es solle dieses neue Postulat abgelehnt werden, da die Nothwendigkeit, erweiterte Lokalitäten für die Latein- und Realschule in Fürth zu verschaffen, nicht hinreichend aufgeklärt sei, und da diese Schule ausschließlich lokalen Zwecken diene.			
Gunzenhausen	343 45 —	85 56 1	429 41 1
Latus	3710 16 2	1084 35 1	4794 51 3

Vortrag	a. für den Zeitraum vom 1. Oktober 1866 bis 30. September 1867.	b. für den Zeitraum vom 1. Oktober bis 31. Dezember 1867.	c. Summe für beide Zeiträume
	fl. kr. pf.	fl. kr. pf.	fl. kr. pf.
Transport	3710 16 2	1084 35 1	4794 51 3
In Folge einer höchsten Ministerial-Entschließung vom 13. Januar lfd. Js. ist die Aufbesserung des Gehaltes des Subrectors Henfolt in Gunzenhausen von 581 fl. 15 kr. auf 700 fl. genehmigt worden, was die Erhöhung der postulirten Summa von 225 fl auf 343 fl. 45 kr. erheischt.			
Neustadt	755 —	188 45	943 45
Auf das Gesuch des Magistrats Neustadt a/A. um Erhöhung des Zuschusses aus Kreisfonds für die dortige Lateinschule, an welcher ein vierter Lehrer angestellt und ein Cursus für Realien-Unterricht gegründet wurde, beschließt die Versammlung nach Antrag des Ausschusses, einen außerordentlichen Zuschuß von 150 fl pro 1866/67 aus Kreisfonds zu gewähren.	150 —	37 30	187 30 —
Roth	100 —	25 —	125 —
Rothenburg a/T.	3150 —	787 30	3937 30
Schwabach	696 —	174 —	870 —
Weißenburg	400 —	100 —	500 —
Windsheim	400 —	100 —	500 —
Tit. 2. Prüfungskosten	200 —	50 —	250 —
Tit. 3. Pension der Subrectorswittwe Preu von Hersbruck zu Nürnberg	77 —	19 15	96 15
Summa §. 2.	963 16 2	2566 35 1	12204 51 3

§. 3.

Sonstige Anstalten für Erziehung und Bildung:

a) für den Unterricht der Taubstummen	600 —	150 —	750 —
b) Beitrag zur höheren Töchterschule (Theresieninstitut) in Ansbach	500 —	125 —	625 —
c) Beitrag zur höheren Töchterschule (v. Rüdersche Institut) zu Erlangen	100 —	25 —	125 —
Latus	1200 —	300 —	1500 —

Vortrag.	a. für den Zeitraum vom 1. Oktober 1866 bis 30. September 1867.	b. für den Zeitraum vom 1. Oktober bis 31. Dezember 1867.	c. Summa für beide Zeiträume.
	fl.	kr.	pf.	fl.	kr.	pf.	fl.	kr.	pf.
Transport	1200	—	—	300	—	—	1500	—	—
d) Beitrag zur Pfarrwaisenanstalt in Windsbach	300	—	—	75	—	—	375	—	—
e) Beitrag zur Blindenerziehungsanstalt in Nürnberg	400	—	—	100	—	—	500	—	—
f) Beitrag zur höheren Bürgerschule in Dinkelsbühl	300	—	—	75	—	—	375	—	—
g) Beitrag zur höheren Bürgerschule in Schwabach	350	—	—	87	30	—	437	30	—
h) Beitrag zur höheren Bürgerschule in Eichstätt (Siehe Beschluß unten.)	350	—	—	—	—	—	350	—	—
i) für das Martinsstift in Nürensausen	200	—	—	50	—	—	250	—	—

Mit Genehmigung dieses Postulates ist das Gesuch der Verwaltung des Martinsstiftes vom 1. Juni a. c. um wiederholte Gewährung eines Zuschusses erledigt, während das weitere Gesuch um eine Erhöhung der genannten Summa unter den gegenwärtigen Verhältnissen bei den schweren Ausgaben des Kreishaushaltes nicht thunlich erscheint

§. 4. Freiplätze:

a) im Centralblindeninstitute in München	250	—	—	62	30	—	312	30	—
b) in der Anstalt für arme krüppelhafte Kinder in München	260	—	—	65	—	—	325	—	—
§. 5. Zur Erhaltung von Kunstdenkmälern und Alterthümern	500	—	—	125	—	—	625	—	—
§. 6. Beitrag zum historischen Verein von Mittelfranken	100	—	—	25	—	—	125	—	—
§. 7. Beitrag zum germanischen Museum in Nürnberg	300	—	—	75	—	—	375	—	—

Damit ist das Gesuch des Vorstandes des germanischen Museums vom 22. Mai l. Js. erledigt.

§. 8. Reservefond für Erziehung und Bildung:

a) für die deutschen Schulen	1000	—	—	250	—	—	1250	—	—
b) für die isolirten Lateinschulen	300	—	—	75	—	—	375	—	—
Summa des Cap. III.	12471	50	—	3074	8	21	3	15322	0	11	3

Derselbe Referent, Dekan Käppel, trägt hierauf vor über die Kreis-Einnahmen, und zwar:

Vortrag.

Kreis-Einnahmen.

Cap. I.
Zuschüsse aus der Staatskasse.

	a. für den Zeitraum vom 1. Oktober 1866 bis 30. September 1867.	b. für den Zeitraum vom 1. Oktober bis 31. Dezember 1867.	Summa für beide Zeiträume.
	fl. kr. pf.	fl. kr. pf.	fl. kr. pf.
§. 1. Die auf speziellen Rechtstiteln und Bewilligungen beruhenden Funkations- und Dotationsbeiträge:			
a) für die deutschen Schulen	13664 54 3	4472 18 2	18137 13 1
b) für die isolirten Lateinschulen	1794 16 2	600 29 —	2394 45 2
§. 2. Durchlaufender Anschlag der ärarialischen Dienstwohnungen und Dienstgründe	1100 57 —	275 14 1	1376 11 1
§. 3. Leistungen für ständige Bauausgaben	111 — —	27 45 —	138 45 —
§. 4. Budgetmäßige Kreisschuldotation für die deutschen und isolirten Lateinschulen	57105 40 —	14582 13 1	71691 53 1
§. 5. Zur Ergänzung des Einkommens der Schullehrer die bisherigen Ergänzungs- und Erhöhungszuschüsse	9820 12 —	2455 3 —	12275 15 —
§. 6. Zur Anordnung außerordentlicher Schulvisitationen	1000 — —	250 — —	1250 — —
§. 7. Zur Bestreitung der Miethzinsentschädigung des dritten Lehrers und des ständigen Schulgehilfen in Langenzenn	65 — —	16 15 —	81 15 —
§. 8. Zur Unterstützung jener Schullehrer, die vor dem Entstehen der gesetzlichen Kreisvereine quiescirt worden sind	4600 — —	1150 — —	5750 — —
§. 9. Zuschuß an den gesetzlichen Kreisverein zur Unterstützung diensttauglich gewordener Schullehrer	7800 — —	1950 — —	9750 — —
§. 10. Zuschuß aus der Kreisschuldotation für die Gewerbschule in Ansbach	300 — —	75 — —	375 — —
§. 11. Zuschuß für Industrie und Kultur	1500 — —	375 — —	1875 — —
Summa des Cap. I	98866 — 1	26229 18 —	125095 18 1

Cap. II.
Fundations- und Dotationsbeiträge der Gemeinden.

III.
Sonstige Einnahmen.

§. 1. Strafgelder wegen Uebertretung des Vereins- und des Preßgesetzes	4 30 —	— — —	4 30 —
§. 2. Wittwen- und Waisenfondsbeiträge des Kreis-Culturingenieurs Classen	18 — —	4 30 —	22 30 —
Summa des Cap. III.	22 30 —	4 30 —	27 — —

Unmittelbar darauf erstattet der nämliche Referent Vortrag über das Schreiben der k. Regierung vom 2. Juni l. J. „Herausgabe der fränkischen Bisthums-Regesten von den ältesten Zeiten bis zum Anfang des 16. Jahrhunderts betr." veranlaßt durch ein Bittgesuch des Arch.conservators des germanischen Museums Dr. Will in Nürnberg und des Bibliothek-Custos, g. R. Sutner in Eichstädt um eine Unterstützung für dieses wissenschaftliche patriotische Unternehmen auf 2—3 Jahre — und es beschließt die Versammlung auf Antrag des Ausschusses:

da bezüglich des in Frage stehenden Unternehmens über den Kostenpunkt, sowie über den Betrag der in Anspruch genommenen Unterstützung die erforderlichen Anschlüsse fehlen, da ferner die Mittel des Kreises für das nächste Jahr ohnehin in höherem Grade in Anspruch genommen sind, für diesesmal auch das Unternehmen wirklich an den Tag tritt, auf dieses Gesuch nicht einzugehen.

Weiter wird referirt über eine Eingabe der Pflege und Erziehungsanstalt für arme Mädchen in Nürnberg, für welche um die Bewilligung eines jährlichen Sustentationsbeitrages aus Kreismitteln gebeten ist, und es beschließt die Versammlung:

diese Eingabe ad acta zu nehmen, da man es bei der lokalen Natur der Anstalt, der Stadt Nürnberg mit ihren reichen Mitteln überlassen müsse, dieselbe zu sustentiren.

Der nämliche Referent, Dekan Käppel, trägt dann noch weiter vor über die Bitte der Schulgemeinde Laufamholz vom 11. Mai l. J. um einen Unterstützungsbeitrag zum neuen Schulhaus, und es beschließt die Versammlung nach der Proposition des Ausschusses:

es solle dieses Gesuch der kgl. Regierung zur geeigneten Würdigung und möglichsten Berücksichtigung hinübergegeben werden.

Der nämliche Referent trägt dann noch vor über die Jahres-Rechnung des Vereins für dienstuntaugliche Schullehrer im Regierungsbezirke von Mittelfranken, welche bei einer

Einnahme von	14788 fl. 26 kr.
einer Ausgabe von	14764 fl. 5 kr.
mit einem Aktivkassebestand von	24 fl. 21 kr.

abschließt. Gegen diese Rechnung hat die Versammlung keine Erinnerung zu machen und freut sich, daß das Vermögen des Vereins im abgewichenen Jahre sich um 2468 fl. 44 kr. vermehrt hat.

Zum Schlusse erstattet Landrath Dekan Bauer, als Referent, Vortrag, über ein Anschreiben der kgl. Regierung vom 2. Juni a. c., „die Errichtung einer höheren Bürgerschule in Eichstädt betr.," sowie über ein Gesuch des Stadtmagistrates Eichstädt vom 18. Mai und praes. 2. Juni l. J., im nämlichen Betreffe.

Zur Verwirklichung des Projektes der Errichtung einer höheren Bürgerschule in Eichstätt proponirt die k. Regierung einen Zuschuß von 500 fl. eventuell 350 fl. für den Fall, daß die fragliche höhere Bürgerschule wirklich mit dem Jahre 1866/67 ins Leben treten sollte, und die Landraths-Versammlung beschließt unter derselben Voraussetzung und mit dem Vorbehalte weiterer Prüfung der Sachlage im nächstfolgenden Jahre, die Einstellung der eventuell vorgeschlagenen Summe von 350 fl. ins Kreisbudget pro 1866/67 unter dem Wunsche, daß die Stadt Eichstädt mit frischem Muthe die Hand ans Werk legen möge.

Mit diesen Vorträgen war die Tagesordnung erschöpft, und es wird deswegen die Sitzung geschlossen, und die nächste und letzte auf morgen,

Dienstag den 12. Juni, Vormittags 10½ Uhr anberaumt.

Geschlossen und unterzeichnet:

Kelber, Präsident.

Stockinger, Sekr.

Siebentes Protokoll.

Aufgenommen im kgl. Schloße zu Ansbach am 12. Juni 1866.

Anwesend: 39 Mitglieder.

Abwesend:

Laurer, Ludwig, Privatier von Eichstätt.

Anwesend seitens der kgl. Regierung: Regierungsrath von Morett.

Um ½,11 Uhr wurde die heutige Sitzung eröffnet und zuerst das Protokoll der vorausgehenden verlesen. Dasselbe erhielt die Anerkennung der Versammlung.

I.

Landrath Freiherr von Crailsheim erstattet als Spezialreferent Vortrag über das Anschreiben der k. Regierung vom 9. Juni curr.

den allgemeinen Unterstützungsverein für die Hinterlassenen königl. bayer. Staatsdiener und die damit verbundene Töchterkasse, hier die Aufnahmsfähigkeit der Kreis-Anstalts-Beamten betr.

Diesem Vortrage ist zu entnehmen, daß die Frage bezüglich der Berechtigung der durch allerhöchste Dekrete mit vollen, pragmatischen Rechten ernannten Kreis-Anstalts-Beamten zum Eintritte in den allgemeinen Unterstützungsverein für die Hinterlassenen der kgl. b. Staatsdiener und die damit verbundene Töchterkasse von den betheiligten Staatsministerien dahin entschieden worden sei, daß der Beitritt dieser Beamten nicht zu beanstanden sei, wenn der Ueberweisung der von diesen Bediensteten zu entrichtenden, geheimen Rathstagen, dann der Wittwen- und Waisenfondsbeiträge, an die Centralfonds und die Vereinskasse von Seite des Landrathes die erforderliche Zustimmung ertheilet wird, und es beschließt die Versammlung:

„es sei der bemeldeten Ueberweisung der Rathstagen u. s. w. die Zustimmung zu ertheilen, um hierdurch den fraglichen Kreisbediensteten die Wohlthat der Theilnahme an dem gedachten Vereine zu ermöglichen.

II.

Hierauf faßt die Landrathsversammlung Beschluß auf Vortrag des Referenten des III. Ausschußes, Landrathes C. Meyer von Fürth, über Nachstehendes:

1) der Aktivrest der nach den Erläuterungen in dem Proportionsschreiben der k. Regierung sich auf 16072 fl. 56½ kr. beläuft, wird als Deckungsmittel für die Kreisausgaben pro 1866/67 übernommen und ist daher bei dem Etat der Kreiseinnahmen für das bemeldete Jahr unter Abs. 3, Abschn. II., Kap. IV. in Ansatz gebracht.

2) Die Kreisumlage ist auf 14 % festgestellt, da nach dem Ergebnisse der diesjährigen Landrathsbeschlüße die Kreisausgaben gegenüber den Voranschlägen der k. Regierung höher eingesetzt erscheinen und zwar mehr

2435 fl. 56½ kr.	bei Kapitel III. Erziehung und Bildung,
23514 fl. — kr.	bei Kapitel V. Gesundheit,
15000 fl. — kr.	bei Kapitel VII. Straßen- und Wasserbauten für den Zeitraum vom 1. Oktober 1866 bis 31. Dezember 1867.
40949 fl. 56½ kr.	Summe.

3) Die Steuerprinzipale für den Zeitraum vom 1. Oktober 1866 bis zum 30. September 1867 beträgt 1,011,621 fl. 45 kr. und für den Zeitraum vom 1. Oktober bis 31. Dezember 1867, sollen an direkten Steuern erhoben werden: 300,948 fl. 47 kr., so daß beide Summen 1,312,570 fl. 32 kr. betragen, wovon sich ein Steuerprozent vorbehaltlich Ab- und Zugang auf 13,126 fl. entziffert.

* Die Kreisumlage zu 14% der Steuer-Prinzipalsumme nach Abzug von 2% für Rückstände und Nachlässe entziffert:

138791 fl. 32 kr.	für den Zeitraum vom 1. Okt. 1866 bis 30. Sept. 1867 und
41297 fl. 12 kr.	für den Zeitraum vom 1. Oktober bis 31. Dezember 1867.
180088 fl. 44 kr.	in Summa, welche als Deckungsmittel in Kapitel V angesetzt werden.

4) Durch die erhöhte Kreisumlage kommen in Kapitel I. der Kreisausgaben für Erhebung und Verwaltung der Kreisfonds mit 2% von den Kreisumlagen:

2775 fl. 49 kr.	für den Zeitraum vom 1. Oktober 1866 bis 30. September 1867,
825 fl. 57 kr.	für den Zeitraum vom 1. Okt. bis 31. Dezember 1867.
3601 fl. 46 kr.	in Summa, in Ansatz.

Der allgemeine Reservefond Capitel VIII. wurde nach der rechnungsmäßigen Zusammenstellung der Kreis-Einnahmen mit den Kreis-Ausgaben mit der Summe von

475 fl. 3¼ kr.	für den Zeitraum vom 1. Oktober 1866 bis 30. Sept 1867
158 fl. 21 kr.	für den Zeitraum vom 1. Okt. bis 31. Dezember 1867
633 fl. 24¼ kr.	zusammen, einzustellen beschlossen.

Nach der in besonderer Tabelle zusammengestellten Uebersicht aller Kreisausgaben pro 1866/67, nämlich von dem Zeitraume vom 1. Oktober 1866 bis 31. Dezember 1867, wie sie von dem Landrathe genehmigt worden sind, betragen dieselben

321283 fl. 58¾ kr.

Für Erhebung und Verwaltung der Kreis-Einnahmen berechnen sich die Kosten zu 2% auf die Kreisumlage von 180,088 fl. 44 kr. auf 3601 fl. 46 kr. und sind in obiger Summe inbegriffen.

Die vorgetragenen Ausgaben von fl. 321,283. 58 kr. 3 pf. werden in nachstehender Weise gedeckt:

	1. October 1866 bis 30. September 1867.		1. October bis 31. December 1867.		Summa für beide Zeiträume.		
	fl.	kr.	fl.	kr.	fl.	kr.	
Cap. I. §. 1—11.	98866	1	26229	18	125095	19 ½	budgetmäßig.
„ III.	22	30	4	30	27	—	sonstige Einnahmen.
„ IV.	—	—	—	—	16072	56 ½	aus dem Aktivrest des Vorjahres.
„ V.	13879	32	4129	12	18008	44	durch eine Kreis-Umlage von 14 %.
Hauptsumma					32128	58³	

Mit diesem erachtete der mittelfränkische Landrath die Budget-Aufstellung für 1866|67 für geordnet, nämlich für den Zeitraum vom 1. Oktober 1866 bis 31. Dezember 1867 und fügt noch den Beschluß bei:

a) es solle die kgl. Regierung ersucht werden, die allerhöchste Genehmigung zur Einhebung der obenbemeldeten 14 % einzuholen;

b) es sollen etwaige Ersparnisse in den zu speziellen Zwecken bewilligten Summen dem allgemeinen Aktivreste anheimfallen.

Nachdem damit die Landraths-Versammlung ihre Aufgabe zu Ende geführt hatte, sprach der Präsident Kelber nachstehende Worte:

Meine Herren!

Angelangt am Ziele unserer diesjährigen gesetzlichen Aufgabe, deren pflichtmäßige Erfüllung uns von dem völlig geordneten Zustande der Kreisverwaltung Ueberzeugung verschaffte, gestatten Sie mir, vor Allem unseren verehrten Herren Regierungs-Commissären, den Herren Ausschußmitgliedern, den Herren Referenten und unserem hochwürdigen Herrn Sekretär für ihre so hervorragende Mitwirkung zur Erreichung dieses Zieles den geziemenden Dank hiedurch auszusprechen.

Die Erhaltung des Gleichgewichtes in unserem Provinzial-Haushalte wurde bei unsren diesjährigen Berathungen durch die ebenso unerwarteten als belangreichen Nachforderungen zur Erweiterung der Kreis-Irren-Anstalt erschwert.

Doch gelang es bei den namhaften Ueberschüssen, welche das erwünschte Resultat einer gewissenhaften Verwaltung der Kreisfonds, sowie der stetigen Zunahme der Steuerkraft Mittelfrankens gewesen sind, und bei dem loyalen Entgegenkommen, welches die Vertreter der verschiedenartigen Interessen unserer Kreisbevölkerung in so anerkennenswerther Weise kundgegeben haben, diese Schwierigkeiten zu überwinden, ohne die Kreislasten in nennenswerthem Betrage zu erhöhen, und ohne die anderweiten wohlberechtigten Bedürfnisse des Kreises irgend zu verkürzen.

Die erfreulichen Wahrnehmungen, von welchen der Bericht unsres ständigen Ausschusses hinsichtlich des Zustandes der sämmtlichen aus Kreisfonds unterhaltenen Anstalten Zeugniß gab, konnten nur zu lebhafter Befriedigung gereichen. —

Meine Herren! Eine schwere Zeit ist durch den drohenden Bruch des Bundesfriedens und die damit zusammenhängenden umfassenden Kriegsrüstungen über unser deutsches Vaterland hereingebrochen.

Unter ihrem Drucke leidet, wie allenthalben, so auch in unserer Provinz Landwirthschaft und Gewerbe, Handel und Industrie.

Die allgemeine Entrüstung verurtheilt die Beweggründe der Urheber dieses nationalen Unglücks.

Der öffentliche Abscheu brandmarkt die Verwerflichkeit ihrer Mittel.

Wirksamen Schutz gegen die Wiederkehr so unheilvoller Zustände gewährt lediglich die längst ersehnte von Fürst und Volk als unbedingt nothwendig erkannte politische Neugestaltung Deutschlands.

Wir, meine Herren, haben das Glück, einem Staate anzugehören, in welchem sich binnen verhältnißmäßig kurzer Zeit auf dem friedlichen Wege der Entwicklung verfassungsmäßiger Freiheit die Einigung verschiedenartiger Volksstämme zu einem wohlgeordneten Ganzen bereits vollzogen hat; wir haben das Glück, Unterthanen eines Königs zu sein, in dessen erhabenem Fürstenhause die opferwillige Liebe und die hingebende Treue für das große deutsche Vaterland sich forterbt.

Mit um so zuversichtlicherem Vertrauen können wir deßhalb von unserer Staatsregierung energische und ausdauernde Mitwirkung für jene Neugestaltung des gemeinsamen Vaterlandes erwarten.

Unter dem Ausdrucke dieses Vertrauens lassen Sie uns unsre diesjährige Wirksamkeit mit dem einmüthigen herzinnigen Wunsche beschließen:

Gott segne den König und das Vaterland.

Geschlossen und unterzeichnet:

Kelber, Präsident.

Stockinger, Sekr.

Protokoll
über die
Schließung der Landrathsversammlung von Mittelfranken
für das Jahr 1866/67.

Abgehalten Ansbach, den 12. Juni 1866.

In Gegenwart:
des kgl. Regierungs-Präsidenten Freiherrn von Pechmann,

des kgl. Regierungs-Sekretärs Sertorius, als Protokollführer,

dann

der am Schlusse des Protokolls unterzeichneten Landrathsmitglieder.

Nachdem der Landrath von Mittelfranken seine Verhandlungen geschlossen und hievon den königl. Regierungs-Präsidenten in Kenntniß gesetzt hatte, begab sich derselbe, von einer Deputation des Landraths abgeholt, in dessen Sitzungssaal und schloß nach §. 21. des Landrathsgesetzes die Versammlung für 1866/67 mit einer kurzen Anrede, worauf der Landrathspräsident Seiner Majestät dem Könige ein dreifaches „Hoch!" ausbrachte, in welches die ganze Versammlung auf das Lebhafteste einstimmte.

Hierauf wurde das Protokoll geschlossen und unterzeichnet.

Kelber.	Wittmann.
Stockinger.	Vorlaufer.
Dr. v. Scheurl.	Ullherr.
Käppel.	Spath.
Bauer.	Wirth.
Ott.	Meyer.
Donaubauer.	Meyer.
Frhr. v. Crailsheim.	Merlenschlager.
Dr. H. Bech.	Lederer.
Wolff.	Längenfelder.
Schwarz.	Krämer.
Weiß.	Graf Guiot du Ponteil.
Puscher.	
Conr. Meyer.	Goppelt.
Kern.	Gößwein.
Fleischmann.	Danzer.
A. Belzner.	Beiser.

E. w. o.

Freiherr von Pechmann.

Sertorius.

Vbbrud. Ad Num. E. 16934.
K. 12590.

Ansbach, den 2. Juni 1866.

Die

Königliche Regierung von Mittelfranken

an den

versammelten Landrath.

(Die für das Jahr 1866/67 an den Landrath zu bringenden Berathungs-Gegenstände betr.)

Nachdem Seine Majestät der König inhaltlich Allerhöchster Entschließung vom 17. April dieses Jahres Num. 7866 die Eröffnung der Landraths-Versammlung für das Jahr 1866/67 auf Samstag den 2. Juni laufenden Jahres festzusetzen geruht haben, beehren wir uns, dem versammelten Landrathe auf den Grund einer weitern Allerhöchsten Entschließung vom 3. vorigen Monats Num. 6925 bezüglich der Berathungs-Gegenstände für das Jahr 1866/67 nachstehende Mittheilung zu machen:

I.

Rechnungswesen der Kreisfonds und Kreis-Anstalten.

Unter Bezugnahme auf Art. 15 lit. b. des Gesetzes vom 28. Mai 1852, die Landräthe betreffend, theilen wir dem versammelten Landrathe die nachbezeichneten revidirten und beschiedenen, beziehungsweise supertrevidirten Rechnungen für das Jahr 1864/65 sammt Belegen und Rechnungsbescheiden zur Einsicht und Prüfung mit:

1) die Rechnung der von Seiner Majestät dem Könige Ludwig I. gestifteten und dotirten Kreis-hilfskasse,
2) die Rechnung der Maximilians-Stiftung für Schullehrer-Relikten im Kreise,
3) die Rechnung der Kreis-Irrenanstalt Erlangen,
4) die Rechnung der Kreis-Landwirthschaftsschule Lichterhof,
5) die Rechnungen der k. Inspektion der Kreis-Ackerbauschule Triesdorf, und zwar:
   a) über die Kreis-Ackerbauschule,
   b) über die Erträgnisse des gepachteten Staatsgutes und
   c) über die Erträgnisse der Baum-Plantage,
6) die Rechnung des Maximilians-Hilfs-Magazins (Kreis-Getreidemagazins) von Mittelfranken,
7) die erstmals gelegte Rechnung über den in Folge des Allerhöchsten Landraths-Abschiedes vom 10. November 1864 neu gegründeten Pensionsfond für die Lehrer an den technischen Schulen in Mittelfranken,
8) die Rechnungen über die Kreisfonds-Einnahmen und Ausgaben, und zwar:
   a) die Hauptrechnung nebst Zusammenstellung,
   b) die Rechnung der k. Kreiskasse,
   c) eine Nebenrechnung über die Verwendung der aus Centralfonds dem Kreisfond für Distriktsstraßenbauten zugeschossenen Summe von 36,600 fl.,
   d) eine Nebenrechnung über den für das Auffinden von Torf- und Steinkohlen-Lagern reservirten Fond,

e) die Rechnungen der sämmtlichen Rentämter des Kreises.

Zur leichteren Uebersicht und zur Vergleichung der wirklichen Einnahmen und Ausgaben gegen den Etat wird eine hiezu gefertigte summarische Darstellung mit angehängtem Hauptabschlusse anruhend übergeben.

Diese Darstellung läßt entnehmen, daß die Hauptrechnung, in welche der nach der Rechnung pro 1863|64 verbliebene Aktivrest mit 34,423 fl. 59 kr. 1 pf. übergetragen und unter den Einnahmen des Vorjahres der VIII. Finanzperiode aufgeführt ist, einen Aktivbestand von

31,311 fl. 29 kr.

nachweist, der in die Rechnung pro 1865|6 überzugehen hat.

Unter diesem Aktivreste befinden sich auch jene 15,238 fl. 32½ kr., welche gemäß Absatz III. Abschn. II. Cap. IV. des Allerhöchsten Landrathabschiedes vom 9. November 1865 als Deckungsmittel der Kreisausgaben pro 1865|66 bestimmt sind.

Der hiernach verbleibende Rest von 16,072 fl. 56 kr. 2 pf. hat als Deckungsmittel für die Kreis-Ausgaben pro 1866|67 zu dienen und ist daher bei den Kreis-Einnahmen für das besagte Jahr unter Abs. III. Abschnitt II. Cap. IV. noch in Ansatz zu bringen.

Die oben unter Ziffer 8 lit. c und d. allegirten Neben-Rechnungen weisen einen Aktiv-Bestand von 16,047 fl. 12 kr. aus den im Jahre 1862|63 geleisteten Centralfonds-Zuschüsse von 36,600 fl. für Distriktsstraßenbauten, und von 320 fl. 20 kr. aus dem besonderen Fond für Auffindung von Torf- und Steinkohlen-Lagern nach, welcher in die Rechnungen pro 1865|66 übergeht.

In Beziehung auf die Ausstände theilen wir anruhend eine Zusammenstellung nebst einer Abgleichung über die aus dem Jahre 1863|64 auf 1864|65 übergegangenen Kreisfonds-Rückstände mit, welche den Nachweis liefert,

1) daß von den aus der VII Finanzperiode, d. h. aus den Jahren 1855|56 bis 1860|61 im Rückstande verbliebenen Kreis-Umlagen von

19 fl. 45 kr. 3 pf.

(incl. 19 fl. 43 kr. 2 pf. Nachholung)

19 fl. 43 kr. 2 pf. effektiv vereinnahmt,
— fl. 2 kr. 1 pf. als ruhend behandelt worden sind;

19 fl. 45 kr. 2 pf. in Summa wie vor;

2) daß von den aus den Vorjahren der VIII. Finanzperiode, resp. aus den Jahren 1861|62 bis 1863|64 im Rückstande verbliebenen Kreis-Umlagen von

679 fl. 40 kr. 3 pf.

(incl. 501 fl. 28 kr. 3 pf. Nachholung und 3 pf. Rechnungsdefekte)

567 fl. 50. kr. effektiv vereinnahmt,
34 fl. 51 kr. 2 pf. als uneinbringlich abgeschrieben und
76 fl. 59 kr 1 pf. als ruhend behandelt worden sind.

679 fl. 40 kr. 3 pf. in Summa wie vor; dann

3) daß im Jahre 1864|65 an Kreis-Umlagen
— fl. 2½ kr. aus der VII. Finanzperiode
76 fl. 59½ kr. aus den Vorjahren der VIII. Finanzperiode und
334 fl. 22½ kr. aus dem lauf. Jahre 1864|65

411 fl. 24 kr. in Summa im Ausstande geblieben sind.

II.

Nach dem Gesetze vom 10. Juli 1865, die Abkürzung der Finanzperioden betreffend, ist die VIII. Finanzperiode bis 31. Dezember 1867 erstreckt und tritt vom 1. Januar 1868 anfangend an die Stelle des vormaligen Etatsjahres das Kalenderjahr.

Um die Uebereinstimmung des Kreishaushaltes mit dem Staatshaushalte zu bewahren, soll vom 1. Januar 1868 anfangend auch der Kreishaushalt nach dem Kalenderjahre eingerichtet, in Folge dessen aber jener des Jahres 1866|67 für den Zeitraum vom 1. Oktober 1866 bis 31. Dezember 1867 festgesetzt werden.

III.
Steuerprincipale für das Jahr 1866|67.

Die Steuer-Prinzipal-Summe des Regierungsbezirkes für das Jahr 1866|67 und zwar für den Zeitraum vom 1. Oktober 1866 bis 31. Dezember 1867 berechnet sich vorbehaltlich von Ab- und Zugängen auf
1,312,570 fl. 32 kr. 2 pf.,
sohin ein Steuerprozent auf
13,126 fl.

IV.
Voranschlag der Kreis-Ausgaben und Kreis-Einnahmen für das Jahr 1866|67.

Seine Majestät der König haben uns durch Allerhöchste Entschließung vom 3. vor. Mts. Num. 6925 zu ermächtigen geruht, dem Landrathe den Voranschlag der Kreis-Ausgaben und der Kreis-Einnahmen für das Jahr 1866|67 unter Beifügung der erforderlichen Spezialvoranschläge und Nachweise zur Prüfung mitzutheilen.

Indem wir daher anruhend dem versammelten Landrathe diese Voranschläge und Nachweise übergeben, beehren wir uns, den Bedarf pro 1866|67 und die Deckungsmittel hiefür in den Allerhöchst genehmigten Sätzen nachstehend zu spezifiziren.

Vortrag.

I. Abschnitt.
Kreis-Ausgaben.

	für den Zeitraum vom 1. Oktober 1866 bis 30. September 1867.			für den Zeitraum vom 1. Oktober bis 31. Dezember 1867.			Summa für beide Zeiträume.		
	fl.	kr.	pf.	fl.	kr.	pf.	fl.	kr.	pf.
Cap. I. Erhebung und Verwaltung der Kreisfonds mit 2 Prozenten von den Kreisumlagen	2499	24	—	609	16	—	3108	40	—
Summa des Cap. I.	2499	24	—	609	16	—	3108	40	—
Cap. II. Bedarf des Landrathes.									
§. 1. Taggebühren und Reisekosten der Landräthe	1800	—	—				1800	—	—
§. 2. Taggebühren und Reisekosten des Landrathsausschusses	200	—	—				200	—	—
§. 3. Regiekosten	500	—	—				500	—	—
Summa des Cap. II.	2500	—	—				2500	—	—
Cap. III. Erziehung und Bildung.									
§. 1. Deutsche Schulen:									
Tit. 1. Fundations- und Dotationsbeiträge:									
a) bisherige ständige fundationsmäßige Reichnisse des Staatsärars	13664	54	8	4472	18	2	18137	13	—
b) bisherige ältere dotationsmäßige Reichnisse	9838	11	3	2764	21	1	12602	33	—
Latus	23503	6	2	7236	39	3	30739	46	1

	a. für den Zeitraum vom 1. Oktober 1866 bis 30. September 1867.			b. für den Zeitraum vom 1. Oktober 1867 bis 31. Dezember 1867.			c. Summe für beide Zeiträume.		
	fl.	kr.	pf.	fl.	kr.	pf.	fl.	kr.	pf.
Uebertrag	23503	6	2	7236	39	—	30739	46	1
Tit. 2. Uebrige Beiträge überhaupt:									
a) für Schulgehilfen:									
bisherige Positionen für Schulgehilfenbeiträge	6500	—	—	1625	—	—	8125	—	—
für neuangestellte Schulgehilfen in Fürth . 500 fl.									
für den Gehilfen an der kath. Schule in Erlangen 50 fl.									
für den Gehilfen an der 7. Mädchenschule in Schwabach . . 100 fl.									
für den Schulgehilfen in Steinbühl . 100 fl.	750	—	—	187	30	—	937	30	—
b) bisheriger Beitrag zur Unterstützung unbemittelter Schulkassen	100	—	—	25	—	—	125	—	—
c) ständiger Beitrag zur älter. Schulfondsklasse in Ansbach	2000	—	—	500	—	—	2500	—	—
d) Beitrag an die Schullehrerwittwen- und Waisenkasse in Mittelfranken	3442	—	—	860	30	—	4302	30	—
e) an den Unterstützungsverein für Schullehrer in Mittelfranken, und zwar:									
aus Kreisfonds . . . 6000 fl									
aus Centralfonds . . 7800 fl.	13800	—	—	3450	—	—	17250	—	—
f) widerrufliche Miethzins-Entschädigung des dritten Schullehrers und des Schulgehilfen in Langenzenn	65	—	—	16	15	—	81	15	—
Tit. 3. Gehalts-Ergänzungs-Zuschüsse	28806	35	—	7201	39	3	36008	13	3
Tit. 4. Prüfungs- und Aufsichtskosten:									
a) Kosten der Schulaufsichts- und Anstellungsprüfung	5200	—	—	—	—	—	5200	—	—
b) für außerordentliche Schulvisitationen	1500	—	—	375	—	—	1875	—	—
c) zur Regie der Distriktsschulinspektionen	400	—	—	100	—	—	500	—	—
Tit. 5. Anschläge der ärarialischen Dienstwohnungen und Dienstgründe	1100	37	—	275	14	1	1376	11	1
Tit. 6. Remunerationen und Unterstützungen:									
a) zur Unterstützung dienstunfähig gewordener Schullehrer	2000	—	—	500	—	—	2500	—	—
b) außerordentliche Unterstützungen für das Lehrerpersonal	1600	—	—	400	—	—	2000	—	—
c) zu Remunerationen für Vorbereitungslehrer	1200	—	—	300	—	—	1500	—	—
d) zur Unterstützung der Schulehrlinge	1400	—	—	350	—	—	1750	—	—
e) zu Remunerationen für Lehrer, welche Zeichenunterricht ertheilen	400	—	—	100	—	—	500	—	—
Latus	93767	18	2	23502	47	3	117270	26	1

Vortrag.	für den Zeitraum vom 1. Oktober 1866 bis 30. September 1867.			für den Zeitraum vom 1. Oktober bis 31. Dezember 1867.			Summa für beide Zeiträume.		
	fl.	kr.	pf	fl.	kr.	pf	fl.	kr.	pf
Uebertrag	93767	38	2	23502	47	3	117270	26	1
f) zur Unterstützung derjenigen Schullehrer, welche vor dem Inslebentreten der Pensionsanstalt für deutsche Schullehrer quiescirt worden sind	2600	—	—	650	—	—	3250	—	—
Tit. 7. Pensionen und Alimentationen für Schullehrer und deren Relikten	2144	55	—	536	13	3	2681	8	3
Tit. 8. Bauausgaben:									
a) Beiträge an die Gemeinden zur Ausführung neuer Schulhausbauten	7000	—	—	1750	—	—	8750	—	—
b) ständige Bauausgaben	111	—	—	27	45	—	1 38	45	—
Summa §. 1.	105623	33	2	26466	46	2	132090	20	—
§. 2. Isolirte Lateinschulen:									
Tit. 1. Fundations- und Dotationsbeiträge:									
a) fundationsmäßige Reichnisse des k. Staatsärars	1794	16	2	600	29	—	2394	45	2
b) Reichnisse aus der Kreisschuldotation und zwar an die Lateinschule zu									
Dinkelsbühl	550	—	—	137	30	—	687	30	—
Feuchtwangen	522	15	—	135	40	—	657	55	—
Fürth	500	—	—	125	—	—	625	—	—
Gunzenhausen	225	—	—	56	15	—	281	15	—
Neustadt a/A.	755	—	—	188	45	—	943	45	—
Roth	100	—	—	25	—	—	125	—	—
Rothenburg a/T.	3150	—	—	787	30	—	3937	30	—
Schwabach	696	—	—	174	—	—	870	—	—
Weißenburg	400	—	—	100	—	—	500	—	—
Windsheim	400	—	—	100	—	—	500	—	—
Tit. 2. Prüfungskosten	200	—	—	50	—	—	250	—	—
Tit. 3. Pension der Subrektorswittwe Preu von Herbsbruck zu Nürnberg	77	—	—	19	15	—	96	15	—
Summa §. 2.	9369	31	2	2499	24	—	11868	55	2
§. 3. Sonstige Anstalten für Erziehung und Bildung:									
a) für den Unterricht der Taubstummen	600	—	—	150	—	—	750	—	—
b) Beitrag zur höheren Töchterschule (Theresieninstitut) in Ansbach	500	—	—	125	—	—	625	—	—
Latus	1100	—	—	275	—	—	1375	—	—

	für den Zeitraum vom 1. Oktober 1866 bis 30. September 1867	für den Zeitraum vom 1. October bis 31. December 1867	Summa für beide Zeiträume
	fl. kr. pf.	fl. kr. pf.	fl. kr. pf.
Uebertrag	1100 — —	275 — —	1375 — —
c) Beitrag zur höheren Töchterschule (von Ruder'schen Institut) zu Erlangen	100 — —	25 — —	125 — —
d) Beitrag zur Warmüssensanstalt in Rudsbach	300 — —	75 — —	375 — —
e) Beitrag zur Blindenerziehungsanstalt zu Nürnberg	400 — —	100 — —	500 — —
f) Beitrag zur höheren Bürgerschule in Dinkelsbühl	300 — —	75 — —	375 — —
g) Beitrag zur höheren Bürgerschule in Schwabach	350 — —	87 30 —	437 30 —
h) für das Martinsstift in Rüdenhausen	200 — —	50 — —	250 — —
§. 4. Freiplätze:			
a) im Centralblindeninstitute in München	250 — —	62 30 —	312 30 —
b) in der Anstalt für arme krüppelhafte Kinder in München	260 — —	65 — —	325 — —
§. 5. Zur Erhaltung von Kunstdenkmälern u. Alterthümern	500 — —	125 — —	625 — —
§. 6. Beitrag zum historischen Verein von Mittelfranken	100 — —	25 — —	125 — —
§. 7. Beitrag zum germanischen Museum in Nürnberg	300 — —	75 — —	375 — —
§. 8. Reservefond für Erziehung und Bildung:			
a) für die deutschen Schulen	1000 — —	250 — —	1250 — —
b) für die sechs lateinischen Schulen	300 — —	75 — —	375 — —
Summa des Cap. III.	12045 3 —	3033 10 —	15078 15 —
Cap. IV. **Industrie und Cultur.**			
§. 1. Kreisgewerbschule in Nürnberg	7458 30 —	2002 22 2	9460 52 2
§. 2. Kreislandwirthschaftsschule in Lichtenhof:			
a) Ergänzungszuschuß	6892 30 —	1766 52 2	8659 22 2
b) für Ausführung des Erweiterungsbaues an dieser Anstalt	9025 — —		9025 — —
§. 3. Uebrige Gewerbschulen:			
a) zu Ansbach	4634 15 —	1216 15 —	5851 — —
b) zu Erlangen	5795 — —	1497 — —	7292 — —
c) zu Fürth	6443 — —	1711 — —	8154 — —
§. 4. Zuschuß zu dem Pensions- und Unterstützungsfond für die Lehrer an den Gewerbs- und Landwirthschaftsschulen und deren Relicten	3203 51 3	793 30 —	3997 21 3
§. 5. Diäten und Reisekosten der Prüfungs-Commissäre	250 — —		250 — —
Latus	43702 36 3	8987 — —	52689 36 3

Vortrag.	a. für den Zeitraum vom 1. Oktober 1864 bis 30. September 1867.	b. für den Zeitraum vom 1. Oktober bis 31. Dezember 1867.	c. Summa für beide Zeiträume.
	fl. | kr. | pf.	fl. | kr. | pf.	fl. | kr. | pf.
Uebertrag	43702 | 36 | 3	8987 | — | —	52689 | 36 | 3
§. 6. Stipendien und Freiplätze:			
a) für Zöglinge an technischen Schulen überhaupt	500	125	625
b) für Zöglinge an der polytechnischen Schule in Nürnberg	100	25	125
c) für 8 Freiplätze an der Kreislandwirthschaftsschule in Lichtenhof	640	160	800
d) für 12 Freiplätze an der Kreisackerbauschule in Triesdorf	840	210	1050
§. 7. Beitrag zur Kreishülfskasse	1000	250	1250
§. 8. Kostenhälfte der Personal- und Realregien der Kreis-Gewerbs- und Handelskammern	750		750
§. 9. Uebrige Ausgaben auf Industrie und Cultur:			
a) zur Förderung der Viehzucht in Triesdorf	1000	250	1250
b) Gehalt des Kreiskulturingenieurs	1800	450	2250
c) an den landwirthschaftlichen Verein zur Beförderung der Pferdezucht	500	125	625
Summa des Cap. IV.	50832 | 36 | 3	10582 | — | —	61414 | 36 | 3
Cap. V. Gesundheit.			
§. 1. Kreisirrenanstalt Erlangen	5800	2600	8400
§. 2. Unterstützung armer Gemeinden zum Unterhalte von Geisteskranken in der Kreisirrenanstalt	4000	1000	5000
§. 3. für die Gebäranstalt in Erlangen	300	75	375
§. 4. für Krankenanstalten, und zwar:			
a) Beitrag zum chirurgischen Klinikum in Erlangen	300	75	375
b) zum dortigen medicinischen Klinikum	300	75	375
c) zur Maximilians-Heilanstalt für arme Augenkranke in Nürnberg	100	25	125
§. 5. Beitrag zur Unterstützung armer Gemeinden für Haltung von Armenärzten	800	200	1000
Summa des Cap. V.	11600	4050	15650
Cap. VI. Wohlthätigkeit.			
§. 1. Beitrag zum Maximilians-Liebesmagazin (Kreisgetreide-Magazin)	5000	1250	6250
Latus	5000	1250	6250

Vortrag.	a. für den Zeitraum vom 1. Oktober 1866 bis 30. September 1867.			b. für den Zeitraum vom 1. Oktober bis 31. Dezember 1867.			c. Summa für beide Zeiträume.		
	fl.	kr.	pf.	fl.	kr.	pf.	fl.	kr.	pf.
Uebertrag	5000	—	—	1250	—	—	6250	—	—
§. 2. für das Trautberger Rettungshaus in Unterfranken	300	—	—	75	—	—	375	—	—
§. 3. f. Unterstützung v. Rettungsanstalten d. Regierungsbezirkes	2000	—	—	500	—	—	2500	—	—
§. 4. Beitrag zur Unterbringung verwahrloster Kinder	4000	—	—	1000	—	—	5000	—	—
§. 5. für entlassene Sträflinge und Correktionäre	500	—	—	125	—	—	625	—	—
§. 6. Beitrag für die Diakonissenanstalt in Neuendettelsau	300	—	—	75	—	—	375	—	—
§. 7. Beitrag zur dortigen Anstalt für Schwache u. Blödsinnige	500	—	—	125	—	—	625	—	—
Summa des Cap. VI.	12600	—	—	3150	—	—	15750	—	—
Cap. VII. Strassen- und Wasserbau.									
Beitrag zur Herstellung und Unterhaltung von Distriktsstraßen	24000	—	—	6000	—	—	30000	—	—
Summa des Cap. VII.	24000	—	—	6000	—	—	30000	—	—
Cap. VIII.									
Allgemeiner Reservefond	1084	12	—	264	18	—	1348	30	—
Summa des Cap. VIII.	1084	12	—	264	18	—	1348	30	—
Zusammenstellung.									
Summa des Cap. I	2499	24	—	6	9	16	3108	10	—
„ „ „ II	2500	—	—	—	—	—	2500	—	—
„ „ „ III.	120153	5	—	30331	10	2	150784	15	2
„ „ „ IV.	50832	36	3	10582	—	—	61414	36	3
„ „ „ V.	11600	—	—	4050	—	—	1.650	—	—
„ „ „ VI.	1260	—	—	3150	—	—	15750	—	—
„ „ „ VII.	24000	—	—	6000	—	—	30000	—	—
„ „ „ VIII.	1084	12	—	264	18	—	1348	30	—
Gesammt-Summa der Kreisausgaben	225559	17	3	54986	44	2	280356	2	1
II. Abschnitt. Kreis-Einnahmen.									
Cap. I									
Zuschüsse aus der Staatskasse.									
§. 1. Die auf speciellen Rechtstiteln und Bewilligungen beruhenden Fundations- und Dotationsbeiträge:									
a) für die deutschen Schulen	13664	54	3	4472	18	2	18137	13	1
b) für die isolirten Lateinschulen	1794	16	2	600	29	—	2394	45	2
Latus	15459	11	1	5072	47	2	20531	58	3

	Vortrag	a. für den Zeitraum vom 1. Oktober 1866 bis 30. September 1867	b. für den Zeitraum vom 1. Oktober bis 31. Dezember 1867	c. Summa für beide Zeiträume
		fl.	kr.	pf.	fl.	kr.	pf.	fl.	kr.	pf.
	Uebertrag	15159	11		5072	47	2	20531	58	3
§. 2.	Durchlaufender Anschlag der ärarialischen Dienstwohnungen und Dienstgründe	1100	57	—	275	14	1	1376	11	1
§. 3.	Leistungen für ständige Bauausgaben	111	—	—	27	45	—	138	45	—
§. 4.	Budgetmäßige Kreisschuldotation für die deutschen und isolirten Lateinschulen	57109	40		14582	13	1	71691	53	1
§. 5.	Zur Ergänzung des Einkommens der Schullehrer die bisherigen Ergänzungs- und Erhöhungs-Zuschüsse	9820	12	—	2455	3	—	12275	15	—
§. 6.	Zur Anordnung außerordentlicher Schulvisitationen	1000	—	—	250	—	—	1250	—	—
§. 7.	Zur Bestreitung der Miethzins-Entschädigung des dritten Lehrers und des ständigen Schulgehilfen in Langenzenn	65	—	—	16	15	—	81	15	—
§. 8.	Zur Unterstützung jener Schullehrer, die von dem Entstehen der gesetzlichen Kreisvereine quiescirt werden sind	4600	—	—	1150	—	—	5750	—	—
§. 9.	Zuschuß an den gesetzlichen Kreisverein zur Unterstützung dienstuntauglich gewordener Schullehrer	7800	—	—	1950	—	—	9750	—	—
§. 10.	Zuschuß aus der Kreisschuldotation für die Gewerbschule in Ansbach	300	—	—	75	—	—	375	—	—
§. 11.	Zuschuß für Industrie und Kultur	1500	—	—	375	—	—	1875	—	—
	Summa des Cap. I.	98866	—	1	26229	18	—	125095	18	1

Cap. II.
Junrations- und Dotationsbeiträge der Gemeinden

| | Summa des Cap. II. | | | |

Cap. III.
Sonstige Einnahmen.

§. 1.	Strafgelder wegen Uebertretung des Vereins- und des Preßgesetzes	4	30	—				4	30	—
§. 2.	Wittwen- und Waisenfortsbeiträge des Kreiskulturingenieurs Classen	18	—	—	4	30	—	22	30	—
	Summa des Cap. III	22	30	—	4	30	—	27	—	—

Cap. IV.
Aktivrest der Kreisrents-Rechnung des Vorjahres, resp. pro 1864/65

| | Summa des Cap. IV. | | | |

	Vortrag.	a. für den Zeitraum vom 1. Oktober 1866 bis 30. September 1867	b. für den Zeitraum vom 1. Oktober bis 31. Dezember 1867	c. Summa für beide Zeiträume
		fl. kr. pf.	fl. kr. pf.	fl. kr. pf.
	Cap. V. Kreisumlage zu 12½ Prozent der Steuerprinzipalsumme nach Abzug von 2 Prozent für Rückstände und Nachlässe	122844 24	32589 20 —	155433 44 —
	Summa des Cap. V.	122844 24	32589 20 —	155433 44 —
	Zusammenstellung.			
	Summa des Cap. I.	98866 — 1	26229 18 —	125095 18 1
	„ „ II.			
	„ „ III.	22 30 —	4 30 —	27 — —
	„ „ IV.			
	„ „ V.	122844 24	32589 20 —	155433 44 —
	Gesammt-Summe der Kreiseinnahmen	221732 54 1	58823 8 —	280556 2 1

V.

Die zur Prüfung und Würdigung der einzelnen Positionen nöthigen Erläuterungen und Aufschlüsse werden von den gemäß Artikel 22 Abs. 3 des Landrathsgesetzes vom 28. Mai 1852 den Sitzungen anwohnenden und beziehungsweise dazu einzuladenden Regierungsmitgliedern bereitwilligst ertheilt werden.

Zur möglichsten Erleichterung bemerken wir jedoch in Beziehung auf die gegen das Vorjahr veränderten oder neu eingestellten Postulate in Kürze Folgendes:

Zu Abschnitt I.

Cap. III. Erziehung und Bildung.

ad §. 1 Tit. 1 a. Der Jahresbetrag der bisherigen ständigen, fundationsmäßigen Reichnisse des Staatsärars erscheint um 1 fl. 36 kr. höher als im Vorjahre, indem durch dieselbe Entschließung vom 3. Februar 1865 Num. 10,659 im Einverständnisse mit der k. Regierungs-finanzkammer der Bezug der Schulkasse Ansbach für die Beifuhr von 4 Klaftern Holz wegen Steigerung der Fuhrlöhne von 4 fl. auf 5 fl. 36 kr. erhöht wurde.

Was den Ansatz dieser fundationsmäßigen Reichnisse für die Zeit vom 1. Oktober bis 31. Dezember 1867 betrifft, so wurde, insoweit die Leistungen in Geld bestehen, der vierte Theil des Jahresbetrags in den Spezial-Etat eingestellt, wie dieß bezüglich der ständigen Zuschüsse aller Art, sowie der ständigen Geld- und Getraid-Personal-Bezüge durch Entschließung des k. Staatsministeriums des Innern für Kirchen- und Schul-Angelegenheiten vom 7. Dezember 1865 Num. 10,426 speziell angeordnet wurde.

Hinsichtlich der Holzreichnisse waren nach dieser höchsten Entschließung drei Arten zu unterscheiden und zwar:

a) Besoldungs-Holzbezüge der Lehrer mit deren Verpflichtung zur Beheizung der Schullokalitäten,

b) lediglich Besoldungs-Holzbezüge für den Privatgebrauch der Lehrer ohne die ebenbemerkte Verpflichtung und

c) Reichnisse lediglich für die Beheizung der Schulen.

Im ersten Falle waren nach Maßgabe der Allerhöchsten Normativ-Verordnung vom 19. Mai 1820, die Zahlungsnormen für Rentamtsverwesungen betr. (Regierungsblatt 1820 Seite 414) bei der Gleichheit der Bestimmung der Holzreichnisse für die fraglichen drei Wintermonate drei achtel Theile derselben zu etatisiren, da von dem ganzen Reichnisse ²/₄ auf die 6 Wintermonate Oktober mit März treffen.

Im zweiten Falle hatte die Instruktion über die Verrechnung der Pfarrinterkalargefälle vom 14. August 1813 (Döllinger Verordnungensammlung Band VIII. S. 1533), wornach ½ auf die 6 Wintermonate zu rechnen sind, in Anwendung zu kommen und war demnach ein Drittheil des jährlichen Reichnisses in Ansatz zu bringen.

Die sub. lit. c. bezeichneten, lediglich zur Beheizung der Schullokalitäten bestimmten Holzreichnisse gehören ihrer Natur nach nur für die Wintermonate, und war somit für die Periode Oktober mit Dezember die Hälfte des ganzen Reichnisses einzustellen.

Wie das Holz wurde auch der Fuhr- und Hauerlohn behandelt, weil die Verabreichung dieser Bezüge mit der Naturalabgabe zusammenfällt.

ad §. 1 Tit. I lit. b. Die vorstehend erwähnten höchsten Direktiven fanden hier gleichmäßige Anwendung.

ad §. 1 Tit. 2 c. Der in Gemäßheit der Entschließungen des k. Staatsministeriums des Innern für Kirchen- und Schulangelegenheiten vom 27. Dezember 1863 Num. 11481 und 24. Januar 1865 Num. 260 aus Centralfonds zu leistende Zuschuß an den Unterstützungs-Verein der Schullehrer in Mittelfranken berechnet sich nach dem individuellen Verzeichnisse auf 7,800 fl und wurde daher in diesem erhöhten Betrage unter Abschnitt I. Cap. III. §. 1 Tit. 2 c. als Bedarf und unter Abschnitt II. Cap. I. §. 9. und 12. als Deckungsmittel in den Voranschlag eingestellt.

ad §. 1. Tit. 6. f. Der Ansatz pro 1865/66 für Unterstützung jener Schullehrer, welche vor dem Inslebentreten der Pensionsanstalt für die deutschen Schullehrer in Ruhestand versetzt wurden, mindert sich in Folge des am 5. Juni v. Js. erfolgten Ablebens des Lehrers Michael Seiß von Thalmannsfeld um den Betrag von 100 fl und es war hiernach auf Grund individuellen Verzeichnisses und im Hinblick auf die höchste Ministerial Entschließung vom 10 Januar v. Js. Num. 63 der auf 2,600 fl. abgeminderte Betrag im Kreisbudget pro 1866/67 unter Abschnitt I. Cap. III. §. 1. Tit. 6. f. als Ausgabe und unter Abschnitt II. Cap. I. §. 8 waren nur 4,600 fl. statt 4,700 fl. als Einnahme in Vortrag zu bringen.

ad §. 2. Tit. 1. lit. a. Bezüglich der fundationsmäßigen Reichnisse an die isolirten Lateinschulen wurde in gleicher Weise, wie hinsichtlich der deutschen Schulen, verfahren und wird deßhalb auf die Erläuterung ad §. 1. Bezug genommen.

ad §. 2. Tit. 1. lit. b. Nach Entschließung des k. Staatsministeriums des Innern für Kirchen- und Schulangelegenheiten vom 2. Februar d. J. Num. 649 ist zur Verleihung der II. Sexennialzulage an den Subrektor Merz in Rothenburg der erforderliche Bedarf mit 125 fl. in das Kreisbudget pro 1866/67 einstweilen vorbehaltlich der Zustimmung des Landraths eingestellt, resp. der bisherige Zuschuß an die Lateinschule Rothenburg von 3,025 fl. auf 3,150 fl. erhöht worden.

Ebenso darf gemäß weiterer Entschließung des genannten k. Staatsministeriums vom 13. Januar d. Js. Num. 203 zum Zwecke der Aufbesserung des Gehaltes des Subrektors Henfalt zu Gunzenhausen von 581 fl. 15 kr. auf 700 fl. die Erhöhung des bisherigen Zuschusses an dortige, isolirte Lateinschule von 225 fl. auf 343 fl. 45 kr. beantragt werden.

Bei der anerkannten Würdigkeit der genannten beiden Lehrer glauben wir auf Zustimmung des Landraths zur beantragten Besoldungsaufbesserung für dieselben um so mehr rechnen zu dürfen, als sich durch Ableben des Studienlehrers Hauser zu Schwabach der Kreisfondszuschuß für die dortige Lateinschule um 200 fl. gemindert hat und durch diese Minderung die gebotene Erhöhung der seitherigen Zuschüsse für die Lateinschulen Rothenburg und Gunzenhausen bis auf den Betrag von 43 fl. 45 kr. gedeckt erscheint.

Cap. IV. Industrie und Cultur.

ad §. 1. Der Zuschuß für die Kreisgewerbschule Nürnberg ist um 281 fl. höher postulirt, als im Vorjahre, welche Erhöhung sich folgendermaßen erläutert:

300 fl. — kr. mußten in der Einnahme an Schulgeld weniger angesetzt werden, weil nach der berichtlichen Auseinandersetzung des kgl. Rektorats das in dem vorjährigen Etat eingestellte Postulat von 2000 fl. viel zu hoch gegriffen ist und auf einen höheren Schulgeld-Anfall, als 1,700 fl. nicht gerechnet werden kann,

50 fl. — kr. waren dem Lehrer Dengler bis jetzt seit dem Jahre 1863|64 als Remuneration für den Arithmetikunterricht an der Sonntagshandwerkerschule bewilligt, ohne im Etat vorgesehen zu sein, und daher in denselben in Ausgabe aufzunehmen, nachdem die besondere Remunerirung dieses Unterrichts auch für die Folge sich als nothwendig darstellt,

50 fl. — kr. wurden als Remuneration des Assistenten am chemischen Laboratorium, Thomas Wegler, gegen das Vorjahr mehr angesetzt, da eine Erhöhung dieser Remuneration von 150 fl. auf 200 fl. mit Rücksicht auf die dienstlichen Anforderungen wohl begründet erscheint,

6 fl. — kr. beträgt der Mehrbedarf für Versicherung des Mobiliars und der Sammlungen

406 fl. — kr. Latus

406 fl. — kr. Uebertrag
gegen Brandschaden und wegen Erhöhung der Versicherungssumme für das Gebäude

406 fl. — kr. in Summa.

Hievon geht ab die in dem vorjähr. Etat eingestellte Dienstalterszulage des Lehrers Dr. Stölzel pro 1864|65 mit

125 fl. — kr. weil, nachdem die Vorrückung des genannten Lehrers in die Gehaltsklasse von 950 fl. durch höchste Entschließung vom 12. Dezember 1865 Num. 12941 vom 1. Oktober 1864 an genehmigt worden ist und ec. Stölzel die Gehaltsmehrung pro 1864|65 bereits pro 1865|66 nachbezahlt erhalten hat, in den Etat pro 1866|7 nur mehr der bezeichnete Gehalt einzustellen war, und stellt sich hiernach obige Zuschuß-Erhöhung von

281 fl. heraus.

Hinsichtlich der Etats-Ansätze für die Zeit vom 1. Oktober bis 31. Dezember 1867 kommt hier im Allgemeinen zu bemerken, daß ein Ansatz für Schulpreise, da hierauf während der gedachten Zeit eine Ausgabe nicht erwächst, in den bezüglichen Etats unterbleiben konnte und daß der Aufwand auf Beheizung nach dem Jahresbedarfe mit Rücksichtnahme auf die Wintermonate bemessen wurde, während sämmtliche übrigen Ansätze im Quartalsbetrage einzustellen waren, dabei aber auf den Bedarf an Dienstalterszulagen für diese Periode Rücksicht genommen ist.

ad §. 2. lit. a. Für die Kreislandwirthschaftsschule Lichtenhof ist der Kreisfondszuschuß um 964 fl. 31 kr. gegen das Vorjahr erhöht und besteht diese Erhöhung in folgenden Beträgen, nämlich:

300 fl. — kr. welche inhaltlich Entschließung des kgl. Staatsministeriums des Handels und der

| 300 fl. — kr. Uebertrag. | 815 fl. 31 kr. Uebertrag. |

300 fl. — kr. öffentlichen Arbeiten vom 17. März d. J. Nr. 905 auf das Gesuch des Rektors Dr. J. C. Kellermann an der Kreis-Landwirthschaftsschule Lichtenhof um Gehalts-Erhöhung als Gehaltszulage für denselben bei der ministeriellen Prüfung der Kreisbudgets in dasselbe und in den Spezial-Etat nachträglich aufgenommen worden sind, vorbehaltlich der landräthlichen Zustimmung.

105 fl. 31 kr. zur Bestreitung der II. Alterszulage an den Lehrer Gottlieb Kellermann, welcher am 5. August 1866 das III. Dienstes-Sexennium antreten wird, vorbehaltlich spezieller allerhöchster Genehmigung.

200 fl. — kr. zur Erhöhung der Remunerationen der beiden Assistenten Huber und Schmidt von bisher 200 fl. auf je 300 fl. (nebst freier Station) nach Antrag des Rektorats der Landwirthschaftsschule, welcher damit begründet ist, daß die genannten Assistenten neben der Unterrichts-Ertheilung an der Vorbereitungsschule in vielfacher Hinsicht bei der Beaufsichtigung der Zöglinge, beim Wirthschaftsbetrieb und bei der ausgedehnten Correspondenz-Dienste zu leisten haben, daß ihnen ein Nebenerwerb nicht möglich ist und daß sie eine Aufbesserung des bisherigen Bezugs bei gewissenhafter Erfüllung ihrer Obliegenheiten wohl verdienen.

210 fl. — kr. Mehrbedarf für Beheizung, nachdem die sämmtlichen Lehrzimmer des Schulhaus-Neubaues mehr Heizmaterial erfordern, als die bisherigen, viel kleineren, und die Beheizung der Lokalitäten des chemischen Laboratoriums, des besonderen

815 fl. 31 kr. Latus

Zeichnungssaales und des erweiterten Speisesaales einen größeren Aufwand in Anspruch nimmt,

149 fl. — kr. Ausfall an der Einnahme durch Einzug und Verwendung des bei der k. Bank seither angelegt gewesenen Baukapitals.

964 fl. 31 kr. Summa wie oben.

Da der Lehrer der Landwirthschaft, Botanik und Thierheilkunde A. Thirsching vorbehaltlich Allerhöchster Genehmigung am 1. Oktober 1867 in den Genuß der I. Sexennialzulage von 125 fl. tritt, so war für die Zeit vom 1. Oktober bis 31. Dezember 1867 die treffende Rate aus 825 fl. zu berechnen und ist nun solche in dem angesetzten Gesammtbedarfe zu 1,766 fl. 52 kr. 2 pf. für den bemerkten Zeitraum mitbegriffen.

Die für den Rektor Dr. J. C. Kellermann eingestellte Gehaltszulage von 300 fl. wird einer näheren Begründung nicht bedürfen, da die Nothwendigkeit dieser Aufbesserung mit Rücksicht auf die gegenwärtigen Zeitverhältnisse keinem Zweifel unterliegen wird und die Würdigkeit und das verdienstvolle Wirken des genannten Institutsvorstandes als bekannt vorausgesetzt werden darf.

ad §. 2. lit. b. Im Vollzuge des Allerhöchst genehmigten Landrathsbeschlusses vom 29. Mai v. J. sind hier diejenigen 9,025 fl. eingestellt, welche zur Bestreitung des Kostenaufwandes für den Erweiterungsbau bei der Kreislandwirthschaftsschule Lichtenhof auf das Jahr 1866/67 überwiesen worden sind.

ad §. 3. lit. a. Der Kreisfondszuschuß für die Gewerbsschule Ansbach ist um 31 fl. 15 kr. höher als im Vorjahre in Ansatz gebracht, nachdem der Lehrer Johann Hitz am 1. Juli 1867 das 7. Dienstjahr antreten wird und deßhalb zur Gewährung der I. Sexennialzulage vorbehaltlich spezieller allerhöchster Genehmigung der Mehrbedarf von 31 fl. 15 kr. im Etat vorgesehen werden mußte.

ad §. 3. lit. b. Für die Gewerbschule Erlangen ist der Kreisfondszuschuß um 155 fl. gegen das Vorjahr erhöht.

Davon sind bestimmt:

125 fl. — kr. zur Bestreitung der Dienstalterszulage für den Lehrer Dr. Pfaff gemäß höchster Ministerial-Entschließung vom 18. Juni 1865 Num. 6,025 vorbehaltlich spezieller allerhöchster Genehmigung,

50 fl. — kr. für den II. Assistenten beim Zeichnungs-Unterricht Schmidtill, zur Erhöhung seiner Remuneration von bisher 50 fl. auf 100 fl. in Anerkennung der ersprießlichen Leistungen desselben an der Sonntagsschule,

20 fl. — kr. zur Bestreitung der Mehrausgabe für Bearbeitung des Schulgartens in Folge der allgemein gesteigerten Arbeitslöhne,

195 fl. — kr. Summa, wovon jedoch

40 fl. — kr. durch die Zinsen aus einem dem Gewerbschulfond vermachten Legate von 1000 fl. Seitens des verstorbenen Bierbrauers Bierzigmann gedeckt werden, so daß noch der obenbemerkte Kreisfondszuschuß von

155 fl. — kr. erforderlich ist.

ad §. 3. lit. c. Der Bedarf für die Gewerbschule in Fürth ist um 55 fl. niedriger angesetzt, als im Vorjahre und zwar aus folgenden Gründen:

Nach höchster Entschließung des k. Staatsministeriums des Handels und der öffentlichen Arbeiten vom 4. Oktober 1865 Num. 10297 wurde die durch den Tod des Rektors Dr. Bernheim erledigte Lehrstelle für Chemie, Technologie und Waarenkunde dem Lehrer Heinrich Hornung zu Aschaffenburg mit einem Gehalte von 700 fl. vom 1. Oktober 1865 an verliehen und nach weiterer höchst. Entschließung vom 18. Okt. 1865 Nr. 10779

die Stelle eines Rektors dem Lehrer Dr. Brentano gegen den Bezug der etatsmäßigen Remuneration von 200 fl. gleichfalls von 1. Oktober 1865 an übertragen, wodurch sich der Aufwand auf Lehrergehalte pro 1866/67 um . . . . . 375 fl. vermindert hat.

Dagegen mußten die bisherige Remuneration des Pedells Stadtmüller von 250 fl. wegen vermehrter Dienstleistungen um

100 fl. — kr. und die unzureichenden Positionen zur Bestreitung der Insertionsgebühren und auf den Unterhalt der Gebäude um

10 fl. und resp. um

45 fl. — kr. erhöht, andererseits aber der Etatsansatz an Schulgeld von bisher 300 fl. nach dem Durchschnittsergebniß der letzten 3 Jahre auf 135 fl. herabgesetzt, demnach um

165 fl. — kr. gemindert werden.

320 fl. — kr. Summa.

Wird von der Ersparung am Lehrergehalt zu

375 fl. — kr. die Ausgabs-Erhöhung und Einnahmsminderung von

320 fl. — kr. abgezogen, so erscheint obige Minderung des Kreisfondszuschusses mit

55 fl. nachgewiesen.

ad §. 3. lit. d. Für den Ackerbaulehrer Wagner zu Triesdorf, welcher am 10. Mai 1866 das 19. Dienstjahr angetreten hat, wurde vorbehaltlich allerhöchster Genehmigung die III. Sexennialzulage mit 125 fl. in den Spezial-Etat der Kreisackerbauschule eingestellt, wozu indeß ein besonderer Kreisfondszuschuß nicht beansprucht wird, weil die eigenen Mittel der Anstalt hiefür ausreichen.

ad §. 4. Die Pensionen und Alimentationen für dienstunfähige Lehrer an den Gewerb- und Landwirthschaftsschulen betragen nach vorjährigem Etat

3084 fl. 54 kr. Hievon gehen ab
  150 fl. — kr. Alimentation der am 20. Juni 1865 verstorbenen Inspektorswittwe Julie Weidenkeller,
  4 fl. 54 kr. Alimentations-Rate des Zeichenlehrerssohns Otto Hollenbach, welcher am 3. Dezember 1865 das 20. Lebensjahr erreicht hat,

154 fl. 54 kr. Summa, wornach
2930 fl. — kr. verbleiben.

Dagegen gehen zu

373 fl. 51⅔ kr. Alimentation der Wittwe und der 4 Kinder des verlebten Lehrers Dr. Bernheim zu Fürth gemäß höchster Ministerial-Entschließung vom 15. September 1865 Num. 9017 nach der im bezüglichen Verzeichnisse enthaltenen Spezifikation. Es ergiebt sich hiernach pro 1866/67 die Summe von

3303 fl. 51⅔ kr. und für den Zeitraum vom 1. Oktober bis 31. Dezember 1867 der Betrag von 818 fl. 30 kr., wovon 100 fl. und resp. 25 fl. aus den Einnahmen des Pensionsfonds selbst gedeckt werden können, weßhalb als Kreisfondszuschuß noch 3203 fl. 51 kr. 3 pf. und resp. 793 fl. 30 kr. zu postuliren waren.

Alle übrigen Positionen des Kreisausgaben-Etat für Industrie und Cultur pro 1866/67 sind bei gleichem Bedarfe, wie im Vorjahre unverändert beibehalten worden und gründen sich die Ansätze für das IV. Quartal 1867 auf die durch Entschließung des k. Staatsministeriums des Handels und der öffentlichen Arbeiten vom 4. Dezember 1865 Num. 12,463 ertheilten Direktiven.

Cap. V. Gesundheit.

ad §. 1. Im Spezial-Etat der Kreis-Irrenanstalt Erlangen war sub Cap. II. der Ausgaben die Pension der Wittwe des am 18. Oktober 1865 verlebten Irrenhausverwalters Gerber einzustellen, welche Pension sich nach §. 2. der Dienstespragmatik vom 1. Januar 1805 aus 1200 fl. Geldgehalt des Verwalters Gerber auf jährlich 240 fl. berechnet.

Der Kreisfondszuschuß beträgt 5800 fl., demnach 200 fl. weniger als im Vorjahre, welcher Minderbedarf sich damit erläutert, daß sich durch Annahme eines höheren Krankenstandes gegenüber dem Aufwande auf Verpflegung die Einnahme erhöht hat, und daß die eingestellte Pension der Wittwe Gerber zu 240 fl. darin ihre Deckung findet, daß die Besoldung des neuen Verwalters 200 fl weniger beträgt, und die im letzten Etat vorgetragene Funktionszulage des I. Assistenzarztes für höhere chirurgische Verrichtungen mit 50 fl. weggefallen ist.

Zu Abschnitt II.

ad Cap. I. §. 8. Wegen Abminderung des Centralfondszuschusses zur Unterstützung derjenigen Schullehrer, die vor dem Entstehen des gesetzlichen Kreisvereins quiescirt worden sind, um den Betrag von 100 fl. wird auf die Erläuterung oben zu Abschnitt I. Cap. III. §. 1 Tit. 6 f. Bezug genommen.

ad Cap. III. §. 1. Die wegen Uebertretung der Gesetze über den Mißbrauch der Presse und über Versammlungen und Vereine im Jahre 1865 angefallenen Geldstrafen betragen 4 fl. 30 kr. und wurden in diesem Betrage vorbehaltlich des Artikels 52 und resp. 25. der vorbezeichneten Gesetze vom 17. Merz und 26 Februar 1850 unter die Kreis-Einnahmen pro 1866/67 aufgenommen, um zur Bestreitung der sub Cap. III. postulirten Ausgaben für Erziehung und Bildung mitverwendet zu werden.

ad Cap. III. §. 2. Cultur-Ingenieur Claassen, welchem auf Rechnung des Kreisfondes Stabilität eingeräumt ist, hat nach höchster Ministerial-Entschließung vom 7. Januar 1865 die nach der allerhöchsten Verordnung vom 8. Juni 1807 (Regierungsblatt Seite 1106) zu normirenden Wittwen- und Waisenfondsbeiträge an den Kreisfond zu entrichten

Dieselben berechnen sich nach Ziffer 2. gedachter Verordnung aus 1800 fl. Gehalt auf jährlich 18 fl. und war daher dieser Betrag unter die Kreis-Einnahmen Cap. III. §. 2. aufzunehmen.

Indem wir schließlich behufs des erforderlichen mündlichen Benehmens noch ein Verzeichniß derjenigen Regierungs-Mitglieder anfügen, welchen wir die Vertretung von Landraths-Gegenständen in den Sitzungen des Landrathes übertragen haben, geben wir die Versicherung, daß wir den Bestrebungen des Landrathes in Förderung der Kreis-Interessen bereitwilligst entgegenkommen werden.

gez. Freiherr von Pechmann,
k. Regierungs-Präsident.

gez. Gromeder.

Summarische Darstellung

oder

Uebersicht der Kreisfonds-Rechnungs-Resultate,

deren

Abgleichung der wirklichen Einnahmen und Ausgaben gegen den Etat

bei der

Kreisfonds-Haupt-Rechnung

pro 1864/65

Etat.		Vortrag der Einnahmen.	Wirkliche Einnahmen.	Gegen den Etat	
				Mehr.	Minder.
fl. kr. pf.	Cap. §.		fl. kr. pf.	fl. kr. pf.	fl. kr. pf.
		I. Abtheilung. Einnahmen aus dem Bestande der Vorjahre.			
		I. Abschnitt. Aus der VII. Finanzperiode et retro.			
— — —	II.	Rechnungsdefekte und Rückersätze	— 1 3	— 1 3	
— — —	III.	Kassendefekte			
		Summa Abschnitt I.	19 43 2	19 43 2	
		II. Abschnitt. Aus den Vorjahren der VIII. Finanzperiode.			
19185 26 3	I.	Aktivrest der verjährigen Rechnung	34423 59	15238 32 2	
— — —	II.	Nachträgliche Einnahmen	567 49 1	567 49 1	
— — —	III.	Rechnungsdefekte und Rückersätze	— — 3	— — 3	
	IV.	Kassendefekte			
19185 26 3		Summa Abschnitt II.		15806 22 2	
		Hiezu „ I.	19 43 2	19 43 2	
19185 26 3		Summa Abtheilung I.	35011 32 3	15826 6 —	
		II. Abtheilung. Einnahmen des laufenden Jahres.			
99064 24 1	I.	Zuschüsse aus der Staatskasse	101693 59 —	22934 3	
— — —	II.	Fundations- und Dotationsbeiträge der Gemeinden			
35 30 —	III.	Zuschüsse aus sonstigen Einnahmsquellen	233 30 —	198 —	
121514 7 —	IV.	Kreisumlagen	134141 31	12627 24 —	
220614 1 1		Summa der II. Abtheilung	236069 —	13454 58 3	
19185 26 3		Hiezu „ I.	35011 32 3	15826 6 —	
239799 28 —		Gesammt-Summa der Einnahmen	271080 32 3	31281 4 3	
			239799 28		
			31281 4 3		

		Betrag der Ausgaben.	Wirkliche Ausgaben.	Gegen den Etat	
				Mehr	Minder
fl.	Cap. §.		fl. kr. pf.	fl. kr. pf.	fl. kr. pf.
		I. Abtheilung.			
		Ausgaben auf den Bestand der Vorjahre			
		I. Abschnitt.			
		Auf die VII. Finanzperiode et retro	4 16 2	4 16 2	
		Summa Abschnitt I.	4 16 2	4 16 2	
		II. Abschnitt.			
		Auf die Vorjahre der VIII. Finanzperiode	97 7 2	97 7 2	
		Summa Abschnitt II.	97 7 2	97 7 2	
		Hiezu I.	4 16 2	4 16 2	
		Summa Abtheilung I.	101 24 —	101 24 —	
		II. Abtheilung.			
		Ausgaben des laufenden Jahres.			
2430 16	I.	(1 Besoldungen, resp. Tantiemen und Sporteln	2168 46 —		
		(2 Allgemeine Regiekosten	63 45 —		197 45 —
		3 Besondere Regie- und Erhebungskosten			
		4 Besondere Vergütung an die Staatskasse für den Minderbetrag der Normal- gegen die Budgetpreise	10 8 1	10 8 1	
		Summa Cap. I.	2242 39 1	10 8 1	197 45 —
2430 16	II	Bedarf des Landraths:			
1800 —		1 Tagegebühren und Reisekosten	1674 45 —		125 15 —
500 —		2 Regiekosten	475 54 —		24 6 —
200 —		3 Entschädigung der Mitglieder des Landraths-Ausschusses	196 45 —		3 45 —
2500 —		Summa Cap. II	2347 24 —		152 36 —

Etat	Cap.	§.	Vortrag der Ausgaben	Wirkliche Ausgaben	Mehr	Minder
			II. Abtheilung.			
			Ausgaben des laufenden Jahres.			
	III.		Auf Erziehung und Bildung:			
9671 57 2		1	Deutsche Schulen	8946 2 42	1751 44 2	—
1000 —			Reservefond.			
9444 31 2		2	Isolirte Lateinschulen	10140 38 —	396 6 2	—
300 —			Reservefond.			
2950 —		3	Sonstige Anstalten für Erziehung und Bildung	2180 —	—	770 —
510 —		4	Stipendien für Studirende und Freiplätze für Zöglinge in Erziehungsanstalten	380 —	—	130 —
7111 —		5	Bauausgaben	7078 56 2	—	32 3 2
700 —		6	Uebrige Ausgaben	480 —	—	220 —
118726 29 —			Summa Cap. III.	119722 16 2	2147 51 —	1152 3 2
	IV.		Auf Industrie und Cultur:			
7736 30 —		⅟₂ Tit. 1.	Kreislandwirthschafts- und Gewerbsschulen-Ergänz	7736 30 —	—	—
23521 36 —		Tit. 2.	Remunerationen für den gewerblichen Unterricht in isolirten Lateinschulen	23521 36 —	—	—
250 —		Tit. 3.	Tagegebühren der Prüfungs-Commissäre	251 28 —	1 28 —	—
3108 —		Tit. 4.	Pensionen und Alimentationen	3108 —	—	—
34616 6 —			Summa §. 1 und 2.	34617 34 —	1 28 —	—
		3	Ackerbauschulen			
— —		4	Sonstige Anstalten für Industrie und Cultur			
2080 —		5	Stipendien und Freiplätze für Zöglinge an technischen Anstalten	2080 —	—	—
5050 —		6	Sonstige Ausgaben	4857 46 —	—	192 14 —
41746 6 —			Summa Cap. IV.	41555 20 —	1 28 —	192 14 —

Etat	Cap. §	Vortrag der Ausgaben.	Wirkliche Ausgaben.	Gegen den Etat Mehr.	Minder.
			fl. kr.|pf.	fl. kr. pf	fl. kr. pf
		II. Abtheilung.			
		Ausgaben des laufenden Jahres.			
	V.	Auf Gesundheit:			
29200 —	1	Kreisirrenanstalt	29200 — —		
2000 —	2	Unterstützung armer Gemeinden zur Unterhaltung von Irren in Irrenanstalten	2000 — —		
300 —	3	Gebäranstalten	300 — —		
—	4	Auf Unterstützung dürftiger Hebammen-Schülerinnen	—		
1300 —	5	Zu besonderen Krankenheilanstalten	1300 — —		
800 —	6	Zur Unterstützung von Aerzten in armen Bezirken	800 — —		
—	7	Zur Sustentation der Thierärzte	—		
—	8	Uebrige Ausgaben auf Gesundheit	—		
33600 —		Summa Cap. V.	33600 — —		
	VI.	Auf Wohlthätigkeit:			
5000 —	1	Kreis-Getreide-Magazin	5000 — —		
6200 —	2	Rettungsanstalten und sonstige Ausgaben für verlassene, verwahrloste und blödsinnige Kinder	6200 — —		
—	3	Beiträge zu Distrikts-Armenfonds und Armenhäusern, dann an Arme überhaupt	—		
500 —	4	Zur Unterstützung entlassener Sträflinge und Correktionäre	500 — —		
500 —	5	Uebrige Ausgaben auf Wohlthätigkeit	500 — —		
12200 —		Summa Cap. VI.	12200 — —		

Etat			Vortrag der Ausgaben.	Wirkliche Ausgaben.	Gegen den Etat	
					Mehr.	Minder.
fl.	kr. pf	Cap. §.		fl. kr. pf.	fl. kr. pf.	fl. kr. pf.
			II. Abtheilung.			
			Ausgaben des laufenden Jahres.			
		VII.	Auf Strassen und Wasserbau:			
28000	—	1	Beiträge für Distriktsstrassen	23000 —		
		2	Beiträge zu Wasserbauten, welche den Gemeinden obliegen .			
		3	Für den Uferschutz an Flüssen, welche der Schiff- und Flossfahrt dienen			
		4	Kosten der Rheindämme in der Pfalz			
28000	—		Summa Cap. VII.	28000 —		
		VIII.	Auf Sicherheit (Pfalz) .			
—	—	IX.	Nichtwerthe an direkten Staatsauflagen (Pfalz) .			
		X.	Steuerbeischlag, resp. Ersatz an die Staatskasse (Pfalz) .			
596 37			Allgemeiner Reservefond .			596 37 —
			Hiezu			
28000	—		Summa Cap. VII.	28000 —		
12200	—		„ „ VI.	12200 —		
33600	—		„ „ V.	33600 —		
41746 6			„ „ IV.	41555 20 —	1 28	192 14 —
118726 29			„ „ III.	119722 16 2	2147 51 —	1152 3 2
2500	—		„ „ II.	2347 24 —	—	152 36 —
2430 16			„ „ I.	2242 39 1	10 8 1	197 45 —
239799 28			Summa der II. Abtheilung	239667 39 3	2159 27 1	2291 15 2
			Hiezu „ „ I. „	101 24 —	101 24 —	
239799 28			Gesammtsumme der Ausgaben	239769 3 3	2260 51 1	2291 15 2
			Etat	239799 28 —	— —	2260 51 1
			Mehr	30 24 1	— —	30 24 1

Titl.			Vortrag der Ausgaben.	Wirkliche Ausgaben			Gegen den Etat					
							Mehr			Minder.		
fl.	kr.	pf.	Cap. §.		fl.	kr.	pf.	fl.	kr.	pf.	fl.	kr.	pf.
				Abschluß.									
239799	28	—		Die Einnahmen betragen .	271080	32	3	—	—	—	—	—	—
239799	28	—		Die Ausgaben betragen .	239769	3	3	—	—	—	—	—	—
				somit Aktivrest von . .	31311	29	—	—	—	—	—	—	—
				welcher in die Rechnung pro 1865/66 überzutragen ist.									

Abgleichung

der aus dem Jahre 1863|64 auf 1864|65 übergegangenen Kreisfonds-Rückstände in dem Regierungsbezirke Mittelfranken.

Vortrag.	Betrag		Bemerkungen.
	partial	total	
	fl. kr. pf.	fl. kr. pf.	
Die aus der Rechnung von 1863|64 auf 1864|65 übergegangenen Rückstände betragen:			
I. Aus der VII. Finanzperiode et retro .	— 2 1		
Hiezu kommen:			
An Einnahms-Nachholungen incl. 1½% kr. Rechnungsdefekte.	19 43 2		
Hievon sind pro 1864|65:		19 45 3	
a) effektiv vereinnahmt . . .	19 43 2		
b) im Rückstande . . .	— 2 1		
c) nachgelassen . . .	— — —		
		19 45 3	
II. Aus den Vorjahren der VIII. Finanzperiode aus dem Jahre 1863|64 . .	178 11 1		
Hiezu kommen:			
An Einnahms-Nachholungen . .	501 28 3	679 40 3	Rechnungsdefekte 3 rf.
Hievon sind pro 1864|65:			
a) effektiv vereinnahmt . . .	567 50 —		
b) im Rückstande . . .	76 59 1		
c) nachgelassen . . .	34 51 2		
		679 40 3	
Nach dem vorstehenden Vortrage gehen als Rückstände auf das Jahr 1865|66 über:			
aus der VII. Finanzperiode et retro	— 2 1		
aus den Vorjahren der VIII. Finanzperiode und zwar aus dem Jahre 1863|64	76 59 1		
Hiezu kommen noch:			
aus dem Jahre 1864|65 . . .	334 22 2		
		411 24 —	

Beilage II.

Uebersicht

der

Kreisausgaben und Kreiseinnahmen

im

Regierungsbezirke Mittelfranken

für das Jahr 1866/67

(l. e. für den Zeitraum vom 1. Oktober 1866 bis 31. Dezember 1867 nach §. 27, Absatz 2 des Landrathsgesetzes vom 28. Mai 1852.)

Cap.	§	Vortrag.	Vorschlag der Staats-Regierung.		
			a für den Zeitraum vom 1. October 1866 bis 30. September 1867. fl. | kr. | pf.	b für den Zeitraum vom 1. October bis 31. Dezember 1867. fl. | kr. | pf.	c Summa für beide Zeit- räume. fl. | kr. | pf.
		1. Abschnitt. **Kreis-Ausgaben.**			
I.		Erhebung und Verwaltung der Kreisfonds.			
		Tantiemen der k. Rentbeamten mit 2 Prozent von den Kreisumlagen	2499 24 —	609 16 —	3108 40 —
		Summa Cap. I.	2499 24 —	609 16 —	3108 40 —
II.		Bedarf des Landraths.			
	1	Taggebühren und Reisekosten der Landraths-Mitglieder	1800 — —	— — —	1800 — —
	2	Taggebühren und Reisekosten des Landraths-Ausschusses	200 — —	— — —	200 — —
	3	Regiekosten der Landraths-Versammlung	500 — —	— — —	500 — —
		Summa Cap. II.	2500 — —	— — —	2500 — —
III		Erziehung und Bildung.			
	1	Deutsche Schulen: Tit. 1 Fundations- und Dotationsbeiträge: a) bisherige ständige fundationsmäßige Reichnisse des Staatsärars	13664 51 3	4472 18 2	18137 13 1
		b) bisherige ältere dotationsmäßige Reichnisse	9836 11 3	2764 21 1	12600 33 —
		Tit. 2. Uebrige Beiträge überhaupt: a) für Schulgehilfen: bisherige Position für Schulgehilfen-Beiträge für neuaufgestellte Schulgehilfen in Fürth 500 fl. für den Gehilfen an der katholischen Schule in Erlangen . 50 fl. für den Gehilfen an der siebenten Mädchenschule in Schwabach . 100 fl. für den Schulgehilfen in Steinbühl 100 fl.	6500 — —	1625 — —	8125 — —
			750 — —	187 30 —	937 30 —
		b) bisheriger Beitrag zur Unterstützung unbemittelter Schulkassen	100 — —	25 — —	125 — —
		Latus	30833 6 2	9071 9 3	39927 16 1

a. für den Zeitraum vom 1. Oktober 1866 bis 30. September 1867.	b. für den Zeitraum vom 1. Oktober bis 31. Dezember 1867.	c. Summa für beide Zeiträume.	Der Antrag des Landrathes beträgt gegen den Vorschlag der Staatsregierung		Bemerkungen.
			mehr	minder	
fl.	kr.	pf.	fl.	kr.	pf.	fl.	kr.	pf.	fl.	kr.	pf.	fl.	kr.	pf.	
2775 49 —	825 57 —	3601 46 —	493 6 —	—	
2775 49 —	825 57 —	3601 46 —	493 6 —	—	
1800 —	—	1800 —			
200 —	—	200 —			
500 —	—	500 —			
2500 —	—	2500 —			
13664 54 3	4472 18 2	18137 13 1			
9838 11 3	2764 21 1	12602 33 —			
6500 —	1625 —	8125 —			
750 —	187 30 —	937 30 —			
100 —	25 —	125 —			
30853 6 2	9074 9 3	39927 16 1			

Cap.	§.	Vortrag.	a. für den Zeitraum vom 1. Oktober 1866 bis 30. September 1867. fl. kr. pf.	b. für den Zeitraum vom 1. Oktober bis 31. Dezember 1867. fl. kr. pf.	c. Summa für beide Zeit- räume. fl. kr. pf.
		Uebertrag	30853 6 2	9074 9 3	39927 16 1
		c) ständiger Beitrag zur älteren Schulfondsklasse in Ansbach	2000 — —	500 — —	2500 — —
		d) Beitrag an die Schullehrerwittwen- und Waisen-kasse in Mittelfranken	3442 — —	860 30 —	4302 30 —
		e) an den Unterstützungsverein für Schullehrer in Mittelfranken, und zwar:			
		aus Kreisfonds . . . 6000 fl.			
		aus Centralfonds . . . 7800 fl.	13800 — —	3450 — —	17250 — —
		f) wiederrufliche Miethzins-Entschädigung des 3. Schullehrers und des Schulgehilfen in Langenzenn	65 — —	16 15 —	81 15 —
		Tit. 3. Gehalts-Ergänzungs-Zuschüsse	28806 35 —	7201 38 3	36008 13 3
		Tit. 4. Prüfungs- und Aufsichtskosten:			
		a) Kosten der Schulaufsichts- u. Anstellungsprüfung	5200 — —	— — —	5200 — —
		b) für außerordentliche Schulvisitationen	1500 — —	375 — —	1875 — —
		c) für Regie der Distriktsschulinspektoren	400 — —	100 — —	500 — —
		Tit. 5. Anschläge der ärarialischen Dienstwohnungen und Dienstgründe	1100 57 —	275 14 1	1376 11 1
		Tit. 6. Remunerationen und Unterstützungen:			
		a) zur Unterstützung dienstunfähig gewordener Schullehrer	2000 — —	500 — —	2500 — —
		b) außerordentl. Unterstützungen für d. Lehrerpersonal	1600 — —	400 — —	2000 — —
		c) zu Remunerationen für Vorbereitungslehrer	1200 — —	300 — —	1500 — —
		d) zur Unterstützung der Schullehrlinge	1400 — —	350 — —	1750 — —
		e) zu Remunerationen für Lehrer, welche Zeichen-unterricht ertheilen	400 — —	100 — —	500 — —
		f) zur Unterstützung derjenigen Schullehrer, welche vor dem Inslebentreten der Pensionsanstalt für deutsche Schullehrer quiescirt worden sind	2600 — —	650 — —	3250 — —
		Tit. 7. Pensionen und Alimentationen für Schullehrer und deren Relikten	2144 55 —	536 13 3	2681 8 3
		Latus	98512 33 2	24689 1 2	123201 35 —

a. für den Zeitraum vom 1. Oktober 1866 bis 30. September 1867.			b. für den Zeitraum vom 1. Oktober bis 31. Dezember 1867.			c. Summa für beide Zeiträume.			Der Antrag des Landrathes beträgt gegen den Vorschlag der Staatsregierung						Bemerkungen.
									mehr			minder			
fl.	kr.	pf.	fl.	kr.	pf.	fl.	kr.	pf.	fl.	kr.	pf.	fl.	kr.	pf.	
30853	6	2	9074	9	3	39927	16	1							
2000	—	—	500	—	—	2500	—	—							
3442	—	—	860	30	—	4302	30	—							
13800	—	—	3450	—	—	17250	—	—							
65	—	—	16	15	—	81	15	—							
28806	35	—	7201	38	3	36008	13	3							
5200	—	—	—	—	—	5200	—	—							
1500	—	—	375	—	—	1875	—	—							
400	—	—	100	—	—	500	—	—							
1100	57	—	275	14	1	1376	11	1							
2000	—	—	500	—	—	2500	—	—							
2000	—	—	500	—	—	2500	—	—	500	—	—	—	—	—	
1200	—	—	300	—	—	1500	—	—							
1400	—	—	350	—	—	1750	—	—							
400	—	—	100	—	—	500	—	—							
2600	—	—	650	—	—	3250	—	—							
2144	55	—	536	13	3	2681	8	3							
98912	33	2	24789	1	2	123701	35	—	500	—	—	—	—	—	

Cap.	§.			Vorschlag der Staats-Regierung.		
				a. für den Zeitraum vom 1. Oktober 1866 bis 30. September 1867.	b. für den Zeitraum vom 1. Oktober bis 31. Dezember 1867.	c. Summa für beide Zeiträume.
				fl. kr. pf.	fl. kr. pf.	fl. kr. pf.
			Uebertrag	98512 33 2	24689 1 2	123201 35 —
		Tit. 8. Bau-Ausgaben:				
		a) Beiträge an die Gemeinden zur Ausführung neuer Schulhausbauten		7000 — —	1750 — —	8750 — —
		b) ständige Bauausgaben		111 — —	27 45 —	138 45 —
			Summa §. 1.	105623 33 2	26466 46 2	132090 20 —
2		Isolirte Lateinschulen:				
		Tit. 1. Fundations- und Dotationsbeiträge:				
		a) Fundationsmäßige Reichnisse des k. Staatsärars		1794 16 2	600 29 —	2394 45 2
		b) Reichnisse aus der Kreis-Schuldotation, und zwar an die Lateinschule zu				
			Dinkelsbühl	550 — —	137 30 —	687 30 —
			Feuchtwangen	522 15 —	135 40 —	657 55 —
			Fürth	500 — —	125 — —	625 — —
			Gunzenhausen	225 — —	56 15 —	281 15 —
			Neustadt a/A.	755 — —	188 45 —	943 45 —
			Roth	100 — —	25 — —	125 — —
			Rothenburg a/T.	3150 — —	787 30 —	3937 30 —
			Schwabach	696 — —	174 — —	870 — —
			Weißenburg	400 — —	100 — —	500 — —
			Windsheim	400 — —	100 — —	500 — —
		Tit. 2. Prüfungskosten		200 — —	50 — —	250 — —
		Tit. 3. Pension der Subrektorswittwe Preu von Hersbruck in Nürnberg		77 — —	19 15 —	96 15 —
			Summa §. 2.	9369 31 2	2499 24 —	11868 55 2
3		Sonstige Anstalten für Erziehung und Bildung:				
		a) für den Unterricht der Taubstummen		600 — —	150 — —	750 — —
		b) Beitrag zur höheren Töchterschule (Theresien-Institut) zu Ansbach		500 — —	125 — —	625 — —
		c) Beitrag zur höheren Töchterschule (v. Rücker'sches Instit.) in Erlangen		100 — —	25 — —	125 — —
		d) Beitrag zur Pfarrwaisenanstalt in Windsbach		300 — —	75 — —	375 — —
		e) Beitrag zur Kindererziehungsanstalt in Nürnberg		400 — —	100 — —	500 — —
			Latus	1900 — —	475 — —	2375 — —

a. Für den Zeitraum vom 1. October 1856 bis 30. September 1857	b. Für den Zeitraum vom 1. October bis 31. December 1857	c. Summe für beide Zeit- räume.	Der Antrag des Landrathes beträgt gegen den Vorschlag der Staatsregierung		Bemerkungen.
			mehr	minder	
fl. kr. pf.	fl. kr. pf.	fl. kr. pf.	fl. kr. pf.	fl. kr. pf.	
98912 33 2	21789 1 2	123701 35 —	500 — —		
8000 — —	2000 — —	10000 — —	1250 — —		
111 — —	27 45 —	138 45 —			
107023 38 2	26816 46 2	133840 20 —	1750 — —		
1791 16 2	600 29 —	2391 45 2			
550 — —	137 30 —	687 30 —			
522 15 —	135 10 —	657 55 —			
500 — —	125 — —	625 — —			
343 45 —	85 56 1	429 41 1	148 26 1		
905 — —	226 15 —	1131 15 —	187 30 —		
100 — —	25 — —	125 — —			
3150 — —	787 30 —	3937 30 —			
696 — —	174 — —	870 — —			
400 — —	100 — —	500 — —			
400 — —	100 — —	500 — —			
200 — —	50 — —	250 — —			
77 — —	19 15 —	96 15 —			
9638 16 2	2566 35 —	12204 51 3	335 56 1	— — —	
600 — —	150 — —	750 — —			
500 — —	125 — —	625 — —			
100 — —	25 — —	125 — —			
300 — —	75 — —	375 — —			
400 — —	100 — —	500 — —			
1900 — —	475 — —	2375 — —			

Cap.	§.	Vortrag.	Vorschlag der Staats-Regierung.		
			a. für den Zeitraum vom 1. Oktober 1866 bis 30. September 1867.	b. für den Zeitraum vom 1. Oktober bis 31. Dezember 1867.	c. Summa für beide Zeiträume.
			fl. kr. pf.	fl. kr. pf.	fl. kr. pf.
		Uebertrag	1900 — —	475 — —	2375 — —
		f) Beitrag zur höhern Bürgerschule in Dinkelsbühl	300 — —	75 30 —	375 — —
		g) Beitrag zur höhern Bürgerschule in Schwabach	350 — —	87 — —	437 30 —
		h) Beitrag zur höhern Bürgerschule zu Eichstätt			
		i) für das Martinsstift in Rübenhausen	200 — —	50 — —	250 — —
		Summa §. 3.	2750 — —	687 30 —	3437 30 —
	4	Freiplätze und Stipendien:			
		a) im Central-Blinden-Institut in München	250 — —	62 30 —	312 30 —
		b) in d. Anstalt f. arme krüppelh. Kinder in München	260 — —	65 — —	325 — —
	5	Zur Erhaltung von Kunstdenkmalen und Alterthümern	500 — —	125 — —	625 — —
	6	Beitrag zum historischen Verein in Mittelfranken	100 — —	25 — —	125 — —
	7	Für das germanische Museum in Nürnberg	300 — —	75 — —	375 — —
	8	Reservefond für Erziehung und Bildung:			
		a) für die deutschen Schulen	1000 — —	250 — —	1250 — —
		b) für die isolirten Lateinschulen	300 — —	75 — —	375 — —
		Summa §. 4—8	2710 — —	677 30 —	3387 30 —
		„ „ 3	2750 — —	687 30 —	3437 30 —
		„ „ 2	9369 31 4	2490 24 —	11868 55 2
		„ „ 1	105623 33 2	26466 46 2	132090 20 —
		Summa Cap. III.	120453 5 —	30331 10 2	150784 15 2
IV.		Industrie und Kultur.			
	1	Kreis-Gewerbschule in Nürnberg	7458 30 —	2002 22 2	9460 52 2
	2	Kreis-Landwirthschaftsschule Lichtenhof:			
		a) Etatszuschuß	6892 30 —	1766 52 2	8659 22 2
		b) f. Ausführung d. Erweiterungsbaues dieser Anstalt	9025 — —	— — —	9025 — —
	3	Uebrige Gewerbschulen:			
		a) zu Ansbach	4634 45 —	1216 15 —	5851 — —
		b) zu Erlangen	5795 — —	1497 — —	7292 — —
		c) zu Fürth	6443 — —	1711 — —	8154 — —
	4	Zuschuß zu dem Pensions- und Unterstützungsfond für die Lehrer an den Gewerb- und Landwirthschaftsschulen und deren Relikten	3203 51 3	793 30 —	3997 21 3
	5	Diäten und Reisekosten der Prüfungscommissäre	250 — —	— — —	250 — —
		Latus	43702 36 3	8987 — —	52689 36 3

a. für den Zeitraum vom 1. October 1866 bis 30. September 1867.	b. für den Zeitraum vom 1. October bis 31. December 1867.	c. Summa für beide Zeiträume.	Der Antrag des Landraths beträgt gegen den Vorschlag der Staatsregierung		Bemerkungen.
fl. kr. pf.	fl. kr. pf.	fl. kr. pf.	mehr fl. kr. pf.	minder fl. kr. pf.	
1900 — —	475 — —	2375 — —			
300 — —	75 — —	375 — —			
350 — —	87 30 —	437 30 —			
350 — —	— — —	350 — —	350 — —		
200 — —	50 — —	250 — —			
3100 — —	687 30 —	3787 30 —	350 — —		
250 — —	62 30 —	312 30 —			
260 — —	65 — —	325 — —			
500 — —	125 — —	625 — —			
100 — —	25 — —	125 — —			
300 — —	75 — —	375 — —			
1000 — —	250 — —	1250 — —			
300 — —	75 — —	375 — —			
2710 — —	677 30 —	3387 30 —			
3100 — —	687 30 —	3787 30 —	350 — —		
9638 16 2	2566 35 1	12204 51 3	333 56 1		
10702 33 2	2681 46 2	13384 20 2	1750 — —		
12247 50 —	3074 21 3	15322 11 3	2433 56 1		
7458 30 —	2002 22 2	9460 52 2			
6692 30 —	1766 52 2	8659 22 2			
9025 — —	— — —	9025 — —			
4634 15 —	1216 15 —	5851 — —			
5795 — —	1497 — —	7292 — —			
6443 — —	1711 — —	8154 — —			
3203 51 3	793 30 —	3997 21 3			
250 — —	— — —	250 — —			
43702 36 3	8987 — —	52689 36 3			

Cap.	§.	Vortrag	Vorschlag der Staats-Regierung.		
			a. für den Zeitraum vom 1. Oktober 1866 bis 30. September 1867. fl. kr. pf.	b. für den Zeitraum vom 1. Oktober bis 31. December 1867. fl. kr. pf.	c. Summa für beide Zeiträume. fl. kr. pf.
		Uebertrag	43702 36 3	8987 — —	52689 36 3
	6	Stipendien und Freiplätze:			
		a) für Zöglinge an technischen Schulen überhaupt	500 — —	125 — —	625 — —
		b) für Zöglinge an der polytechn. Schule zu Nürnberg	100 — —	25 — —	125 — —
		c) für 8 Freiplätze an der Kreislandwirthschaftsschule in Lichtenhof	640 — —	160 — —	800 — —
		d) für 12 Freiplätze an der Kreisackerbauschule zu Triesdorf	840 — —	210 — —	1050 — —
	7	Beitrag zur Kreishilfskasse	1000 — —	250 — —	1250 — —
	8	Kostenhälfte der Personal- und Realerigenz der Kreis-Gewerbe- und Handelskammer	750 — —		750 — —
	9	Uebrige Ausgaben auf Industrie und Kultur:			
		a) zur Förderung der Viehzucht in Triesdorf	1000 — —	250 — —	1250 — —
		b) Gehalt des Kreis-Kultur-Ingenieurs	1800 — —	450 — —	2250 — —
		c) an den landwirthschaftlichen Verein zur Beförderung der Pferdezucht	500 — —	125 — —	625 — —
		Summa Cap. IV.	50832 36 3	10582 — —	61414 36 3
V.		Gesundheit.			
	1	Kreis-Irren-Anstalt Erlangen	5800 — —	2600 — —	8400 — —
	2	Unterstützung armer Gemeinden zum Unterhalte von Geisteskranken in der Kreis-Irren-Anstalt	4000 — —	1000 — —	5000 — —
	3	Für die Gebäranstalt in Erlangen	300 — —	75 — —	375 — —
	4	Für Kranken-Anstalten, und zwar:			
		a) Beitrag zum chirurgischen Klinikum in Erlangen	300 — —	75 — —	375 — —
		b) zum dortigen medizin. Klinikum	300 —	75 — —	375 — —
		c) zur Maximilians Heilanstalt für arme Augenkranke in Nürnberg	100 —	25 —	125 — —
	5	Beitrag zur Unterstützung armer Gemeinden für Haltung von Armenärzten	800 — —	200 — —	1000 — —
		Summa Cap. V.	11600 — —	4050 — —	15650 — —

A. Antrag des Landraths.	b.	c.	Der Antrag des Landraths beträgt gegen den Vorschlag der Staatsregierung		Bemerkungen.
für den Zeitraum vom 1. Oktober 1866 bis 30. September 1867.	für den Zeitraum vom 1. Oktober bis 31. Dezember 1867.	Summa für beide Zeiträume.	mehr	minder	
fl. kr. pf.	fl. kr. pf.	fl. kr. pf.	fl. kr. pf.	fl. kr. pf.	
43702 36 3	8987 — —	52689 36 3			
500 — —	125 — —	625 — —			IV.
100 — —	25 — —	125 — —			
640 — —	160 — —	800 — —			
840 — —	210 — —	1050 — —			
1000 — —	250 — —	1250 — —			
750 — —	— — —	750 — —			
1000 — —	250 — —	1250 — —			
1800 — —	450 — —	2250 — —			
500 — —	125 — —	625 — —			UV.
50832 36 3	10582 — —	61414 36 3			
5800 — —	2600 — —	8400 — —			
18809 — —	— — —	18809 — —	18809 — —		für Stadterweiterung auf den Erweiterungs- bau der Kreisirrenanstalt.
4705 — —	— — —	4705 — —	4705 — —		für weitere Bauten und Restaurations- arbeiten der Kreisirrenanstalt.
4000 — —	1000 — —	5000 — —			
300 — —	75 — —	375 — —			
300 — —	75 — —	375 — —			
300 — —	75 — —	375 — —			
100 — —	25 — —	125 — —			
800 — —	200 — —	1000 — —			
35114 — —	4050 — —	39164 — —	23514 — —		

Cap.	§	Vortrag.	Vorschlag der Staats-Regierung.		
			a. für den Zeitraum vom 1. Oktober 1866 bis 30. September 1867.	b. für den Zeitraum vom 1. Oktober bis 31. December 1867.	c. Summa für beide Zeiträume.
			fl. kr. pf.	fl. kr. pf.	fl. kr. pf.
VI.		**Wohlthätigkeit.**			
	1	Beitrag zum Maximilians-Hilfs-Magazin (Kreis-Getreide-Magazin)	5000 — —	1250 — —	6250 — —
	2	Für das Trautberger Rettungshaus in Unterfranken	300 — —	75 — —	375 — —
	3	Für Unterstützung von Rettungsanstalten des Regierungsbezirkes	2000 — —	500 — —	2500 — —
	4	Beitrag zur Unterbringung verwahrloster Kinder	4000 — —	1000 — —	5000 — —
	5	Für entlassene Sträflinge und Correktionäre	500 — —	125 — —	625 — —
	6	Beitrag für die Diakonissenanstalt in Neuendettelsau	300 — —	75 — —	375 — —
	7	Beitrag zur dortigen Anstalt für Schwach- u. Blödsinnige	500 — —	125 — —	625 — —
		Summa Cap. VI.	12600 — —	3150 — —	15750 — —
VII.		**Strassen- und Wasserbau.**			
		Beitrag zur Herstellung und Unterhaltung von Distriktsstrassen	24000 — —	6000 — —	30000 — —
		Summa Cap. VII.	24000 — —	6000 — —	30000 — —
VIII.		Allgemeiner Reservefond	1084 12 —	264 18 —	1348 30 —
		Summa Cap. VIII.	1084 12 —	264 18 —	1348 30 —
		Zusammenstellung:			
I.		Erhebung und Verwaltung der Kreis-Einnahmen	2499 24 —	609 16 —	3108 40 —
II.		Bedarf des Landrathes	2500 — —		2500 — —
III.		Erziehung und Bildung	120453 5 —	30331 10 2	150784 15 2
IV.		Industrie und Cultur	50832 36 3	10582 — —	61414 36 3
V.		Gesundheit	11600 — —	4050 — —	15650 — —
VI.		Wohlthätigkeit	12600 — —	3150 — —	15750 — —
VII.		Strassen- und Wasserbau	24000 — —	6000 — —	30000 — —
VIII.		Allgemeiner Reservefond	1084 12 —	264 18 —	1348 30 —
		Gesammt-Summa der Kreis-Ausgaben	225569 17 3	54986 44 2	280556 2 1

Antrag des Landrathes			Der Antrag des Landrathes beträgt gegen den Vorschlag der Staatsregierung		Bemerkungen
a. für den Zeitraum vom 1. October 1866 bis 30. September 1867	b. für den Zeitraum vom 1. October bis 31. December 1867	c. Summa für beide Zeiträume.	mehr	minder	
fl. kr. pf.	fl. kr. pf.	fl. kr. pf.	fl. kr. pf.	fl. kr. pf.	
5000 — —	1250 — —	6250 — —			
300 — —	75 — —	375 — —			
2000 — —	500 — —	2500 — —			
4000 — —	1000 — —	5000 — —			
500 — —	125 — —	625 — —			
300 — —	75 — —	375 — —			
500 — —	125 — —	625 — —			
12600 — —	3150 — —	15750 — —			
36000 — —	9000 — —	45000 — —	15000 — —		
36000 — —	9000 — —	45000 — —	15000 — —		
475 3 1	158 21 —	633 24 1			
475 3 1	158 21 —	633 24 1			
2775 49 —	825 57 —	3601 46 —	493 6 —		
2500 — —		2500 — —			
12247 50 —	3074 21 3	15322 11 3	2435 56 1		
50832 36 3	10582 — —	61414 36 3			
35114 — —	4050 — —	39164 — —	23514 — —		
12600 — —	3150 — —	15750 — —			
36000 — —	9000 — —	45000 — —	15000 — —		
475 3 1	158 21 —	633 24 1		715 5 3	
262769 19 —	58514 39 3	321283 58 3	41443 2 1	715 5 3	

10

Cap. §.	Betrag	Vorschlag der Staats-Regierung		
		a. für den Zeitraum vom 1. Oktober 1866 bis 30. September 1867. fl. kr. pf.	b. für den Zeitraum vom 1. Oktober bis 31. Dezember 1867. fl. kr. pf.	c. Summa für beide Zeiträume. fl. kr. pf.

I. Abschnitt.

Kreis-Einnahmen.

I.	Zuschüsse aus der Staatskasse:			
1	Die auf speziellen Rechtstiteln und Bewilligungen beruhenden Fundations- und Dotationsbeiträge:			
	a) für die deutschen Schulen	13664 54 3	4472 18 2	18137 13 1
	b) für die isolirten Lateinschulen	1794 16 2	600 29 —	2394 45 2
2	Durchlaufender Anschlag der ärarialischen Dienstwohnungen und Dienstgründe	1100 37 —	275 14 1	1376 11 1
3	Leistungen für ständige Bauausgaben	111 — —	27 45 —	138 45 —
4	Budgetmäßige Kreisdotation für die deutschen und isolirten Lateinschulen	57109 40 —	14582 13 1	71691 53 1
5	Zur Ergänzung des Einkommens der Schullehrer, die bisherigen Ergänzungs- und Erhöhungszuschüsse	9820 12 —	2455 3 —	12275 15 —
6	Zur Anerkennung außerordentlicher Schulvisitationen	1000 — —	250 — —	1250 — —
7	Zur Bestreitung der Miethzins-Entschädigung des dritten Lehrers und des ständigen Schulgehilfen in Langenzenn	65 — —	16 15 —	81 15 —
8	Zur Unterstützung jener Schullehrer die vor dem Entstehen d. gesetzlichen Kreisvereine quiescirt worden sind	4600 — —	1150 — —	5750 — —
9	Zuschuß an den gesetzlichen Kreisverein zur Unterstützung dienstuntauglich gewordener Schullehrer	7800 — —	1950 — —	9750 — —
10	Zuschuß aus der Kreisschuldotation für die Gewerbschule in Ansbach	300 — —	75 — —	375 — —
11	Zuschuß für Industrie und Cultur	1500 — —	375 — —	1875 — —
	Summa des Cap. I.	98866 — 1	26229 18 —	125095 18 1
II.	Fundations- und Dotations-Beiträge der Gemeinden			
	Summa des Cap. II.			

Antrag des Landraths			Der Antrag des Landrathes beträgt gegen den Vorschlag der Staatsregierung		Bemerkungen	
a. für den Zeitraum vom 1. Oktober 1866 bis 30. September 1867.	b. für den Zeitraum vom 1. Oktober bis 31. Dezember 1867.	c. Summa für beide Zeiträume.	mehr	weniger		
fl. kr. pf.	fl. kr. pf.	fl. kr. pf.	fl. kr. pf.	fl. kr. pf.		
						III
						IV
13664 54 3	4472 18 2	18137 13 1				VI
1794 16 2	600 29 —	2394 45 2				
1100 57 —	275 14 1	1376 11 1				V
111 — —	27 45 —	138 45 —				
57109 40 —	14582 13 1	71691 53 1				
9820 12 —	2455 3 —	12275 15 —				
1000 — —	250 — —	1250 — —				
65 — —	16 15 —	81 15 —				
4600 — —	1150 — —	5750 — —				
7800 — —	1950 — —	9750 — —				
300 — —	75 — —	375 — —				
1500 — —	375 — —	1875 — —				
98866 — 1	26229 18 —	25095 18 1				

Cap.	§.	Betrag	Vorschlag der Staats-Regierung		
			a. für den Zeitraum vom 1. Oktober 1866 bis 30. September 1867.	b. für den Zeitraum vom 1 Oktober bis 31. Dezember 1867.	c. Summe für beide Zeiträume.
			fl. kr.|pf.	fl. kr.|pf.	fl. kr.|pf.
III		Sonstige Einnahmen:			
	1	Strafgelder der wegen Uebertretung des Vereins- und Preßgesetzes	4 30 —	— — —	4 30 —
	2	Wittwen- und Waisenfondsbeiträge des Kreiskultur-Ingenieurs Classen	18 — —	4 30 —	22 30 —
		Summa des Cap. III.	22 30 —	4 30 —	27 — —
IV		Aktivrest der Kreisfonds-Rechnung des Vorjahres resp. pro 18⁶⁶/₆₇			
		Summa des Cap. IV.			
V		Kreisumlage zu 12½ Prozent festgestellt auf 14 Prozent der Steuer-Prinzipalsumma nach Abzug von 2 Proz. für Rückstände und Nachlässe	122844 24 —	32589 20 —	155433 44 —
		Summa des Cap. V.	122844 24 —	32589 20 —	155433 44 —
		Zusammenstellung:			
		Summa Cap. I.	98866 — 1	26229 18 —	125095 18 1
		" " II.	— — —	— — —	— — —
		" " III.	22 30 —	4 30 —	27 — —
		" " IV.	— — —	— — —	— — —
		" " V.	122844 24 —	32589 20 —	155433 44 —
		Gesammtsumme der Kreis-Einnahmen	221733 54 1	58823 8 —	280556 2 1

	Antrag des Landrathes.		Der Antrag des Landrathes beträgt gegen den Vorschlag der Staatsregierung		Bemerkungen.
a. für den Zeitraum vom 1. Oktober 1866 bis 30. September 1867.	b. für den Zeitraum vom 1. Oktober bis 31. Dezember 1867.	c. Summa für beide Zeiträume.	mehr	minder	
fl. kr. pf.	fl. kr. pf.	fl. kr. pf.	fl. kr. pf.	fl. kr. pf.	
4 30 —	— — —	4 30 —			
18 — —	4 30 —	22 30 —			
22 30 —	4 30 —	27 — —			
16072 56 2	— — —	16072 56 2	16072 56 2		
138791 32 —	41297 12 —	180088 44 —	24655 — —		
138791 32 —	41297 12 —	180088 44 —	24655 — —		
98866 — 1	26229 18 —	125095 18 1			
22 30 —	4 30 —	27 — —			
16072 56 2	— — —	16072 56 2	16072 56 2		
138791 32 —	41297 12 —	180088 44 —	24655 — —		
253752 58 3	67541 — —	321253 58 3	40727 56 2		

Beilage III.

Uebersicht
der Ergebnisse der Kreisfonds-Rechnungen pro 1864/65.
(Nach Art. 27 des Landraths-Gesetzes vom Landrathe angefertigt.)

A. Kreisfonds-Haupt-Rechnung.

Einnahmen.

1) Aus dem Bestande der Vorjahre, und zwar:
   aus der VII. Finanzperiode
   et retro . . . . 19 fl. 43½ kr.
   aus den Vorjahren der VIII.
   Finanzperiode, incl. des Aktiv-
   restes der Rechnung pro 1863/4
   von 34423 fl. 59¼ kr. . . 34991 fl. 49½ kr.
2) Aus dem lauf. Jahre, u. zwar:
   a) Zuschüsse aus der Staatskasse 101693 fl. 59 kr.
   b) Sonstige Einnahmen . . 233 fl. 30 kr.
   c) Kreisumlagen . . . . 134141 fl. 31 kr.
   Summe der Einnahmen 271080 fl. 32¼ kr.

Ausgaben.

1) Auf den Bestand der Vorjahre 101 fl. 24 kr.
2) Für das lauf. Jahr, und zwar:
   a) Tantiem. u. Verwaltungskosten 2242 fl. 39½ kr.
   b) Bedarf des Landrathes . 2347 fl. 24 kr.
   c) Auf Erziehung und Bildung 119722 fl. 16¼ kr.
   d) Auf Industrie und Cultur 41555 fl. 20 kr.
   e) Auf Gesundheit . . . 33600 fl. — kr.
   f) Auf Wohlthätigkeit . . 12200 fl. — kr.
   g) Auf Straßenbau . . . 28000 fl. — kr.
   Summa der Ausgaben 239769 fl. 3¾ kr.

Abgleichung.

Einnahmen . 271080 fl. 32¼ kr.
Ausgaben . 239769 fl. 3¾ kr.
Aktivrest 31311 fl. 29 kr.

An Kreisumlagen sind im Ausstande verblieben . . . . 411 fl. 24 kr.

B. Besondere Nebenrechnungen.

a) Rechnung über die Verwendung der aus Centralfonds dem Kreisfonde für Distrikts-straßenbauten zugeschossenen Summe von 36600 fl.

Einnahme . 23367 fl. 12 kr.
Ausgabe . 7320 fl. — kr.
Aktivrest 16047 fl. 12 kr.

b) Rechnung über den Fond für Auffindung von Torf- und Steinkohlenlagern.

Einnahme . 320 fl. 20 kr.
Ausgabe . — fl. — kr.
Aktivrest 320 fl. 20 kr.

C. Rechnungen der Kreis-Institute.

I. Rechnung der Ludwigs-Kreishilfskasse

Einnahme
a) Kassebestand vom Jahre 1863/4 . . . . 9010 fl. 39½ kr.
b) Kreisfondszuschuß pro 1864/5 . . . . 1000 fl. — kr.
c) Annuitäten . . . . 5169 fl. 10½ kr.
d) Zinsen von Aktiv-Kapitalien . . . . . . 284 fl. 43 kr.

Summa der Einnahmen 15464 fl. 32¾ kr.

Ausgabe
a) Anlehen bei 52 stiftungsmäßigen Individuen . . . . 7840 fl. — kr.
b) Regie . . . . 1 fl. 36 kr.
c) Abschreib-Posten . . . . 74 fl. 32 kr.

Summa der Ausgaben 7916 fl. 8 kr.

Abgleichung.
Einnahme . . . 15464 fl. 32¾ kr.
Ausgabe . . . 7916 fl. 8 kr.

Aktivbestand 7548 fl. 24¾ kr.

Außerdem sind nachgewiesen:
28475 fl. 18 kr. Kapitalsreste von Anlehen bei stiftungsmäßigen Individuen und
2 fl. 1½ kr. Inventarswerth.

II. Rechnung der Maximilians-Stiftung für Wittwen und Waisen der Schullehrer im Kreise.

Einnahme
a) Aktivbestand aus voriger Rechnung . . 3 fl. 28 kr.
b) Zinsen von Aktivkapitalien . . . 196 fl. 45 kr.
c) Zurückgenommene Kapitalien . . 200 fl. — kr.

Summa der Einnahmen 400 fl. 13 kr.

Ausgabe
a) Auf Regie . . . . — fl. 45 kr.
b) Unterstützungen an 25 Wittwen und Waisen . . . . 195 fl. — kr.
c) Ausgeliehene Kapitalien . . . . 200 fl. — kr.

Summa der Ausgaben 395 fl. 45 kr.

Abgleichung.
Einnahme . . . 400 fl. 13 kr.
Ausgabe . . . 395 fl. 45 kr.

Aktivrest 4 fl. 28 kr.

Außerdem sind nachgewiesen:
5000 fl. Kapitalsvermögen.

III. Rechnung der Kreisirrenanstalt Erlangen.

Einnahme.
1) Aktivbestand aus vor. Rechnung 3244 fl. 34½ kr.
2) An nachträglichen Einnahmen . . — fl. — kr.
3) Aus dem Eigenthum der Anstalt 1800 fl. 64½ kr.
4) An Verpflegungs- und Unterhaltungskosten-Erzielungen von Kranken . . . . 42742 fl. 57 kr.
5) Arbeitsverdienst der Pfleglinge . 284 fl. 32 kr.
6) An Sustentationszuschüssen:
  a) Aus Kreisfonds 5200 fl. — kr.
  b) Von Gemeinden 3220 fl. 36 kr.
  c) Polizeigelder 1479 fl. 52 kr.
    . . . . 19900 fl. 28¾ kr.
7) Wittwen-Fonds-Beiträge der Beamten . . . . 60 fl. — kr.
8) An besonderen Einnahmen . . 121 fl. 44¼ kr.
9) Aus verwertheten Oekonomie-Material-Vorräthen (durchlaufend) . . . . 40385 fl. 21¼ kr.
10) Aus der Fabrik (durchlaufend) 5797 fl. 11 kr.

Summa der Einnahmen 105573 fl. 39¾ kr.

Ausgabe.
1) Auf Besoldungen, Dienstlöhne und Remunerationen . . . 10153 fl. 57 kr.
2) Auf Gratifikationen . . . . . . 115 fl. — kr.
3) Auf Amtsregie . . . . 177 fl. 36½ kr.
4) Auf Cultus und Unterricht . . 35 fl. 12 kr.

Latus 10481 fl. 45¼ kr.

Uebertrag	10481 fl.	45¼ kr.
5) Auf die Gebäude nebst Zugehörungen	4841 fl.	15½ kr.
6) Auf Geräthschaften und häusliche Bedürfnisse	1306 fl.	39½ kr.
7) Auf Verpflegung der Kranken	22877 fl.	9¾ kr.
8) Auf Verköstigung des Dienstpersonals	4371 fl.	27¾ kr.
9) Auf Medicamente u. dgl. .	407 fl.	42 kr.
10) Auf Fournituren und Kleider	1869 fl.	21½ kr.
11) Auf Beheizung	6169 fl.	27½ kr.
12) Auf Beleuchtung	976 fl.	5½ kr.
13) Auf Reinigung der Wäsche .	266 fl.	49¾ kr.
14) Auf Unterhaltung, Beschäftigung und Ergötzung der Pfleglinge	545 fl.	½ kr.
15) Besondere Ausgaben . . .	5 fl.	12 kr.
16) Für angeschaffte Oekonomie-Material-Vorräthe (durchlaufend)	40385 fl.	21½ kr.
17) Auf die Fabrik (durchlaufend)	5797 fl.	11¼ kr.
Summa der Ausgaben	100300 fl.	28½ kr.

Abgleichung.

Einnahme .	105573 fl.	29¼ kr.
Ausgabe . .	100300 fl.	28½ kr.
Aktivbestand	5273 fl.	¾ kr.

Außerdem sind nachgewiesen:

8650 fl. — kr. Kapitalvermögen,
172 fl. — kr. Werthsanschlag für 5 Schweine,
89697 fl. 30 kr. Werthsanschlag der Immobilien,
25302 fl. 26 kr. Werthsanschlag der Mobilien.

IV. Rechnung der Kreis-Landwirthschaftsschule Lichtenhof.

Einnahme.

1) Aktiv-Bestand aus voriger Rechnung	17102 fl.	48¾ kr.
Latus	17102 fl.	48¾ kr.

Uebertrag	17102 fl.	48¾ kr.
2) An Aktivausständen und rückzuvereinnahmenden Vorschüssen	1000 fl.	— kr.
3) An Rechnungsdefekten und Ersatzposten	— fl.	— kr.
4) An Zuschüssen aus Kreisfonds	6413 fl.	30 kr.
5) An Zinsen von Aktivkapitalien	458 fl.	27 kr.
6) Ertrag aus Realitäten und Anstalten	1277 fl.	37½ kr.
7) An Aufnahmsgebühren . .	775 fl.	— kr.
8) An Schulgeldern	792 fl.	— kr.
9) An Verköstigungs- und Verpflegungsbeiträgen der Zöglinge	10229 fl.	10 kr.
10) Verschiedene Einnahmen . .	243 fl.	20 kr.
Summa der Einnahmen	38291 fl.	53½ kr.

Ausgabe.

1) Auf Personal-Exigenz . .	5212 fl.	30 kr.
2) Auf Real-Exigenz	740 fl.	24½ kr.
3) Auf Verpflegung der Zöglinge, des Dienstpersonals, des Verwalters und der Assistenten	8237 fl.	53 kr.
4) Auf Stipendien	2 fl.	18 kr.
5) Auf Regiebedarf	2079 fl.	20 kr.
6) Auf Gebäulichkeiten . . .	393 fl.	55½ kr.
7) Auf Zuschüsse an die Oekonomie	1490 fl.	— kr.
8) Auf unvorhergesehene Ausgaben	65 fl.	52 kr.
Summa der Ausgaben	18222 fl.	13 kr.

Abgleichung.

Einnahme . .	38291 fl.	53½ kr.
Ausgabe . .	18222 fl.	13 kr.
Aktivbestand	20069 fl.	40½ kr.

Außerdem sind nachgewiesen:

710 fl. 6 kr. Werthsanschlag der auf das nächste Jahr übergehenden Materialien.

1571 fl. — kr. Werthsanschlag des Viehstandes,
45 fl. 30 kr. Werthsanschlag des Geflügels,
66 fl. — kr. Werthsanschlag der Bienenvölker,
57017 fl. — kr. Werthsanschlag der Gebäude, Gründe und Realrechte, dann
10232 fl $8\frac{1}{2}$ kr. Werthsanschlag der Meubeln, Geräthschaften, Bücher u. dergl.

V. Rechnungen der Kreis-Ackerbauschule zu Triesdorf, und zwar:

A. über die Kreis-Ackerbauschule.

Einnahme.

1) Aktivrest aus vorjähr. Rechnung 8004 fl. $15\frac{1}{2}$ kr.
2) Zuschüsse . . . . 890 fl. — kr.
3) Zinsen von Aktivkapitalien. . 1600 fl. 45 kr.
4) Erträgn. a. Realität. u. Anstalten 2117 fl. $35\frac{1}{4}$ kr.
5) Verköstigungsbeiträge d. Zöglinge 230 fl. — kr.
Summa der Einnahmen 12842 fl. $35\frac{3}{4}$ kr.

Ausgabe.

1) Personal Exigenz . . . . 2395 fl. — kr.
2) Real-Exigenz . . . . 121 fl. 40 kr.
3) Auf Verpflegg. d. Ackerbauschüler 1819 fl. $15\frac{3}{4}$ kr.
4) Auf Regiebedarf . . . . 383 fl. $26\frac{1}{2}$ kr.
5) Auf Gebäulichkeiten . . . . 43 fl. 52 kr.
6) Auf besondere Ausgaben . . 285 fl. — kr.
Summa der Ausgaben 5048 fl. $20\frac{1}{4}$ kr.

Abgleichung.

Einnahme . . 12842 fl. $35\frac{3}{4}$ kr.
Ausgabe . . 5048 fl. $20\frac{1}{4}$ kr.
Aktivbestand 7794 fl. $15\frac{1}{2}$ kr.

Außerdem ist nachgewiesen:
Ein Materialvorrath im Werthsanschlage zu . . . . . . 182 fl. 8 kr.
und
Ein Mobiliar-Werth von . . . 2571 fl. 7 kr.

B. Ueber die Erträgnisse des gepachteten Staatsgutes.

Einnahme.

1) Aktivrest aus d. vorjähr. Rechnung 26115 fl. $46\frac{3}{4}$ kr.

Uebertrag 26115 fl. $46\frac{3}{4}$ kr.
2) Aus Oekonomie-Gefällen des laufenden Jahres . . . 29922 fl. $7\frac{1}{2}$ kr.
3) Für Verbesserung der Viehzucht 1681 fl. 16 kr.
Summa der Einnahmen 57719 fl. $10\frac{1}{4}$ kr.

Ausgabe.

1) Auf Besoldungen . . . 635 fl. 30 kr.
2) Amtsregie . . . . 85 fl. 52 kr.
3) Betriebskosten . . . . . 27278 fl. $40\frac{3}{4}$ kr.
4) Pachtgeld . . . . 931 fl. — kr.
5) Unterhaltungsbeitrag für die Brunnen- und Wasserleitung 483 fl. $50\frac{1}{2}$ kr.
6) Auf Meliorationen . . . . . 2 fl. — kr.
7) Zuschuß an die Ackerbauschule 2072 fl $35\frac{1}{4}$ kr.
8) Auf die Kreis-Viehzüchtungs-Anstalt . . . . 470 fl. — kr.
9) Zuschuß an die Baukasse . 16082 fl. 30 kr.
Summa der Ausgaben 48041 fl. $58\frac{1}{2}$ kr.

Abgleichung.

Einnahme . . 57719 fl. $10\frac{1}{4}$ kr.
Ausgabe . . 48041 fl. $58\frac{1}{2}$ kr.
Aktivbestand 9677 fl. $11\frac{3}{4}$ kr.

Außerdem sind nachgewiesen:
1710 fl. $22\frac{1}{2}$ kr. Werthsanschlag der auf das nächste Jahr übergehenden Naturalien und Materialien,
9954 fl. — kr. Werth des Viehstandes und
8197 fl. 58 kr. Mobiliarwerth.

C. Ueber die Erträgnisse der Baumplantage.

Einnahme.

1) Aktivrest der vorjähr. Rechnung 5686 fl. 28 kr.
2) Aus verkauften Baumstämmen 843 fl. 52 kr.
3) Aus verpachteten Gartentheilen 3 fl. 15 kr.
4) Aus verkauftem Obst . . . 2 fl. — kr.
5) Beitrag d. landwirthschaftlichen Kreis-Comités . . . . . . 200 fl. — kr.
Summa der Einnahmen 6735 fl. 35 kr.

Ausgabe.
1) Pachtgeld für Grund und Boden 200 fl. — kr.
2) Besoldung des Gärtners . . 208 fl. 20 kr.
3) Auf Taglöhne . . . . . 866 fl. 23 kr.
3) Auf Regie . . . . . . 601 fl. 57½ kr.
    Summa der Ausgaben 1876 fl 40½ kr.

Abgleichung.
Einnahme . . 6735 fl. 35 kr.
Ausgabe . . 1876 fl. 40½ kr.
   Aktivbestand 4858 fl. 54½ kr.

Außerdem ist nachgewiesen:
an Baumstämmen ein Werthanschlag von , ... 12 fl. — kr.
und
an Mobilien ein Werth von . . 726 fl. 46½ kr.

VI. Rechnung des Maximilians-Hilfs-Magazins (Kreis-Getreide-Magazins) von Mittelfranken.

Einnahme.
1) Aktivrest der vorjähr. Rechnung 93 fl. 53¼ kr.
2) An Zinsen von Aktivkapitalien 4924 fl. 28 kr.
3) An Zuschüssen . . . . 5000 fl. — kr.
4) Miethzinse von Getreideböden 78 fl. 55½ kr.
5) An zufälligen Einnahmen . . 3 fl. — kr.
    Summa der Einnahmen 10100 fl. 16¾ kr.

Ausgabe.
1) Auf Funktionsgehalte und Remunerationen . . . . . 100 fl. — kr.
2) Auf Tag- und Fuhrlöhne . . 4 fl. 48 kr.
3) Auf Regie . . . . . . — fl. 30 kr.
4) Auf Pachtung und bauliche Unterhaltung der Getreidespeicher 172 fl. — kr.
5) Auf Ausleihung von Aktivkapitalien . . . . . 9800 fl. — kr.
6) Auf Zinsenvergütung . . . 6 fl. 16 kr.
    Summa der Ausgaben 10083 fl. 34 kr.

Abgleichung.
Einnahme . . 10100 fl. 16¾ kr.
Ausgabe . . 10083 fl. 34 kr.
   Aktivbestand 16 fl. 42¾ kr.

Außerdem sind nachgewiesen:
129300 fl. — kr. Aktiv-Kapitalien und
190 fl. 37 kr. Werthanschlag der Mobilien.

VII. Rechnung über den Pensionsfond für die Lehrer an den technischen Schulen in Mittelfranken.

Einnahme.
1) Zuschuß aus Kreisfonds . . 3108 fl. — kr.
2) An Wittwen- und Waisenfonts-Beiträgen der Lehrer . 279 fl. 26 kr.
3) An Anstellungstaxen der Lehrer 362 fl. 18 kr.
4) An Bankzinsen . . . . 38 fl. 26 kr.
5) An zurückgenommenen Bankkapitalien . . . . . 3100 fl. — kr.
    Summa der Einnahmen 6908 fl. 10 kr.

Ausgabe.
1) Auf die Verwaltung . . . 125 fl. 32½ kr.
2) An Sustentationen und Alimentationen der Lehrer und ihrer Relikten . . . . 3070 fl. 30 kr.
3) Auf Ausleihung resp. interimistische Anlegung bei der k. Bank 3700 fl. — kr.
    Summa der Ausgaben 6896 fl. 2½ kr.

Abgleichung.
Einnahme . 6908 fl. 10 kr.
Ausgabe . . 6896 fl. 2½ kr.
   Aktivrest 12 fl. 7½ kr.

Außerdem wird nachgewiesen:
an Bankanlagen . . . . . . 600 fl. — kr.
und
Mobiliarwerth . . . . 7 fl. — kr.

(Mit dieser Nummer wird keine Beilage ausgegeben.)